GÉNÉALOGIE DES FILS DE L'HOMME

GÉNÉALOGIE
DES
FILS DE L'HOMME

Écrits akklésiastiques
TOME 1

Ivsan Otets

{ akklesia.eu · akklesia.fr · akklesia.com }

© 2022, Ivsan Otets

Édition : BoD - Books on Demand, info@bod.fr
Impression : BoD - Books on Demand, In de Tarpen 42, Norderstedt (Allemagne)

Impression à la demande
ISBN : 978-2-3221-8565-8
Dépôt légal : Octobre 2022

SOMMAIRE

Avertissement 9

Prologue
    La force des faibles 11

I - Un dieu de l'unité ? (De l'Un...)
    Au commencement 17
    Qu'ils soient un 27
    Les dictatures de l'Un 39

II - La discrimination divine (...à chaque-Un)
    Celui qui sème sortit pour semer 45
    La femme et l'homme 83
    L'Enfer 115
    Les faiseurs de ponts 125

Épilogue
    Dieu est-il un anarchiste ? 129

Avertissement

Les textes proposés dans ce recueil reflètent un cheminement et s'inscrivent dans la progression d'un discours. Ce discours est la réflexion philosophique et spirituelle d'Ivsan Otets, développée à partir des années 2000 et se poursuivant jusqu'à nos jours. Les textes issus de cette réflexion furent publiés sur deux sites internet, Les Cahiers Jérémie, puis, en collaboration avec Dianitsa Otets, sur Akklésia, où ils continuent d'être publiés.

Les écrits sélectionnés pour le présent recueil datent d'une première période située globalement entre les années 2000-2015 ; c'est la période des Cahiers Jérémie.

Certaines idées ont depuis évolué, certaines positions ont été revues et modifiées. Quelques-unes de ces évolutions apparaissent dans les textes les plus récents, disponibles en ligne. D'autres nous ont surpris, se présentant à nous impétueusement, comme arrivant à travers le toit. Nous considérons ces derniers développements comme un stade important dans la maturité du discours akklésiastique. Ils nous passionnent et nous espérons bientôt les publier.

Nous laissons néanmoins les textes antérieurs tels quels sans y répercuter la progression du discours ; ils sont une portion du chemin.

Ivsan & Dianitsa Otets

PROLOGUE

La force des faibles
À l'attention des hommes sociables

PLUS S'AFFIRME LA FAIBLESSE DE L'HOMME ET PLUS AUGMENTE SA VIOLENCE ; la plus haute violence jaillit de la plus profonde faiblesse. Ainsi, la sauvagerie et le vandalisme des révoltés n'expriment qu'une violence superficielle, sans l'énergie des profondeurs. Et si la morale condamne cette violence-là comme la dernière des abominations, c'est parce que le moraliste ne voit que l'apparence. La véritable agression émane, non d'émeutiers inconscients, mais de gens disciplinés, soumis, et enrichis des meilleures valeurs intellectuelles de la civilisation moderne ; et cette violence-là, c'est le **MÉPRIS**.

MALRAUX annonçait déjà « le temps du mépris » lorsqu'il parlait du national-socialisme allemand de la Seconde Guerre. Refusant de scénariser pour la millième fois la tragédie des camps, il tenta de montrer que le mépris était la source où s'abreuvait cette barbarie moderne. « Que ceux qui croient ma documentation trop rapide se rapportent aux règlements officiels des camps de concentration », dira-t-il aux sceptiques. Le vingtième siècle a donc ouvert les temps du mépris, tandis que le vingt-et-unième donnera une **SOCIABILITÉ** au mépris ! L'homme du siècle présent est le fruit d'un long processus au cours duquel l'humanité dut apprendre, souvent avec douleur, « à regarder l'inconscient bien en face[1] ». D'abord ses instincts, puis l'obscurantisme, notamment l'idolâtrie, et enfin les systèmes politiques totalitaires. D'auto-critiques en critiques historiques, d'éducations morales en instructions des savoirs, le moderne n'est plus désormais un être tout à fait humain : il est un **CONSCIENT-COLLECTIF**.

Libéré, croit-il, de l'inconscience de ses pères, il prétend en outre avoir une fine conscience de son individualité, cependant il est convaincu que seule la collectivité lui offre la possibilité de l'incarner. Il est l'innocent, le sanctifié éduqué, moral et savant – éthique. Ainsi a-t-il droit, tel un dieu, de boire le nectar de la haine[2] : **LE MÉPRIS**. Trop éclairé par sa raison, la violence directe ne lui sied plus, aussi pratique-t-il le mépris, nettement plus efficace. D'abord avec le bras de la Justice, à l'égard des inconscients, ces sauvages brutaux ; ensuite avec ruse, à l'encontre des nomades de l'esprit, ceux pour qui la collectivité terrestre n'est qu'un pis-aller. De cette manière, il leur ôte tout droit à la parole, avec subtilité, puis il les bannit « doucement » du collectif, les privant de l'autre, du prochain, afin que nul ne soit contaminé par leur nomadisme spirituel. Telle est **LA VIOLENCE DES FAIBLES**, elle réussit à accomplir avec esthétisme ce dont les meilleures dictatures ont rêvé : que tous adorent un seul maître, la Conscience Universelle, et qu'ils lui soumettent tout leur être avec conviction.

La même idée est formulée dans une nouvelle de TCHÉKHOV écrite il y plus d'un siècle. L'auteur y met en scène l'inten-

---

1 CARL JUNG, *Psychologie de l'inconscient*.
2 « La haine a soif de mépris. Le mépris, c'est son nectar... » BARBEY D'AUREVILLY, *Le rideau cramoisi*.

dant d'un domaine fermier parti à la chasse et qui rencontre un vieux berger, joueur de pipeau aux yeux grands ouverts sur la civilisation en train de naître :
- Tout penche au même, dit le pâtre levant la tête vers le ciel. L'année dernière il y a eu peu de gibier ; cette année il y en a eu encore moins ; et dans cinq ans, comptes-y, il n'y en aura plus du tout. Je remarque ça : bientôt ce n'est pas seulement le gibier, il ne restera aucun oiseau. [...] Et ce n'est pas seulement les oiseaux, c'est aussi les bêtes sauvages, et le bétail, et les abeilles, et le poisson... Regardons maintenant, si tu veux, les rivières... Les rivières, n'est-ce pas, elles sèchent ! [...] Les forêts aussi. On les coupe ; elles brûlent ; elles sèchent ; et il n'en pousse pas de nouvelles... J'ai bien examiné mon temps, frère ; et maintenant je comprends que toute plante est venue à s'amoindrir. Prends le seigle, l'avoine, n'importe quelle petite fleur ; tout penche au même.
- Pourtant les gens sont devenus meilleurs, remarqua l'intendant.
- En quoi meilleurs ?
- Ils ont plus d'idées [*plus d'esprit*[3]].
- Pour plus d'idées, ils ont plus d'idées, c'est vrai, mon garçon... Mais à quoi cela mène-t-il ? Quelle cendre fera l'esprit des gens devant la mort ? Il n'est besoin d'aucun esprit pour mourir. À quoi bon l'esprit au chasseur, s'il n'y a plus de gibier ? Je juge comme ça que Dieu a donné l'esprit à l'homme, mais qu'il lui a pris la force. Les gens sont devenus faibles, faibles jusqu'à l'extraordinaire.

« Les gens sont devenus faibles jusqu'à l'extraordinaire »

---
3 Note d'Akklésia.

disait TCHÉKHOV il y a 130 ans... bien qu'ils aient beaucoup plus d'intelligence, plus d'esprit, plus de conscience. Que dirait-il aujourd'hui ? Car l'homme n'a jamais été aussi puissant, il n'a jamais été aussi fort. Où est donc cette faiblesse extraordinaire ? Elle est cachée en vérité, elle est en lui. C'est en cela qu'elle est « hors de l'ordinaire ». Elle est irréelle bien qu'elle se voile sous l'apparence de la réalité. Car l'humain pullule sur terre, tel une nuée de sauterelles, mais il vandalise tout avec le bras d'athlète de son esprit précisément. Il détruit tout, comme dans un cauchemar. Qui aurait trouvé réaliste que l'homme puisse un jour faire disparaître les oiseaux, tuer chaque abeille, assécher les fleuves et se servir même du ciel comme poubelle à ses jouets technologiques ? Cet irréel est pourtant bien réel, de là est-il extraordinaire. Et le pâtre d'en conclure que « **DIEU A ÔTÉ LA FORCE AUX HOMMES**, c'est pourquoi les hommes veulent qu'on les soigne, et toute espèce de dorloterie. » Et « pourquoi cela ? », continue le vieil homme : « Parce que l'homme est devenu faible. Il n'y a plus en lui la force de résister. »

Plus croît la conscience collective de l'homme, plus grandit sa faiblesse individuelle. Sur le sein de la raison morale et abreuvé de son nectar, l'homme se pavane, fier comme un coq, et sa femme s'exhibe, heureuse comme le paon ; mais face à lui-même, il n'a plus aucune résistance, **IL NE PEUT RÉSISTER À L'ÊTRE**. Il a régressé dans l'enfance tout en ayant un cerveau surdimensionné, aussi ne peut-il marcher seul et doit-il sans cesse être porté par un collectif : ses jambes n'ont plus de forces. Qu'est-ce pour lui que l'individu marchant sur ses jambes, en toute autonomie, fixant avec foi un but invisible vers lequel il avance ? C'est un monstre. Un être dangereux qui ne connaît pas la sécurité maternelle. Un fou qui vient effrayer sa conscience commune par des mots incompréhensibles, l'exhortant à retrouver la force qui lui a été ôtée : la foi particulière, seule capable de lutter contre le géant collectif.

Devant une telle apparition, le faible cache son visage, il s'enterre dans la poitrine de sa mère puis s'en remet à sa divinité pour le justifier : il entre dans le mépris. Il sait pourtant qu'aucune justice n'a la force de résister à la foi. Trop faible, il préfère sacrifier cette force qui l'appelle pour reposer dans une sécurité qu'il sait pourtant provisoire. Il préfère sacrifier tous les nomades de la foi, éradiquer leur race dans le mutisme de son mépris, par la barbarie de sa politesse. Et quand aura été éradiquée cette race, quand nul homme de foi ne vivra plus pour aplanir les chemins étroits de la force intérieure, alors régnera la mort ici-bas. Ne règne-t-elle pas déjà d'ailleurs, comme jamais ? Car le *tout penche au même* du vieux pâtre est en train de s'achever, tout tombe, ayant penché à l'excès ; *les temps du mépris* sont en train de s'accomplir, ils préparent leur apothéose. La mort frappe plus que jamais, et elle frappera bientôt en masse à la porte de tout individu comme jamais elle ne le fit auparavant, arrachant chacun de son sein maternel, se riant de sa conscience collective qui ne le sauvera pas. Qu'y a-t-il de plus fort que la mort, puisque nul ne peut la vaincre, et qu'y a-t-il de plus faible qu'elle puisqu'elle vide le vivant de toutes ses forces ? Et qu'y a-t-il de plus armé de mépris que la mort, elle qui peut tuer l'innocent enfant sur le sein de sa mère comme n'importe quel coupable ? N'est-il pas coupable d'ailleurs, cet enfant parfumé, poli et si intelligent, ce monstre ?

15

I - UN DIEU DE L'UNITÉ ?

De l'Un...

Au commencement
À partir de Jean 1[1]

> au commencement était le parler
> et le parler était à dieu et dieu il était le parler
> Ἐν ἀρχῇ ἦν ὁ λόγος,
> καὶ ὁ λόγος ἦν πρὸς τὸν θεόν, καὶ θεὸς ἦν ὁ λόγος.
>
> Traduction CLAUDE TRESMONTANT

J'AI TOUJOURS ÉTÉ PERPLEXE face à ce premier verset de l'ÉVANGILE DE JEAN ; non par ce qu'il dit, mais par la manière dont il le dit. L'intention de l'auteur est pourtant claire et il faut avoir l'esprit tordu pour ne pas admettre qu'il nous dit que Dieu et le Christ sont un-seul être. En ouvrant son récit avec le fameux « au commencement », JEAN se place d'emblée vis-à-vis de cet autre « au commencement (*bereshit*) » mis lui aussi en première place, dans l'ANCIEN TESTAMENT : « Au commencement, Dieu créa les cieux et la terre. » En revanche, l'ÉVANGILE DE MARC, me semble-t-il, bien qu'usant du même vocable pour débuter son propos, montre davantage de subtilité en écrivant : « Commencement de l'Évangile de Jésus-Christ, Fils de Dieu. » Pourquoi affirmer une telle chose à propos de MARC dont la popularité est pourtant inférieure ? Parce que MARC n'explique pas le « commencement » dont témoigne la GENÈSE. Il n'en fait pas l'exégèse comme semble en avoir l'intention JEAN. Il ne sous-entend pas qu'il faille détisser le *bereshit* de l'ANCIEN TESTAMENT afin de le recoudre avec l'ÉVANGILE. « Il est un autre commencement », dit MARC : « celui de **L'ENGENDREMENT DES FILS** ». L'engendrement est en effet l'aboutissement qui succède à l'origine de la GENÈSE, mais il n'est pas son ennemi. Il n'y a pas de conflit entre ces deux « commencement ». Le conflit naît précisément de la volonté de ne faire place que pour *un seul* commencement, supposant qu'en reconnaître deux serait une incohérence inacceptable ! Le désir de préserver *deux commencements* fut d'ailleurs celui de SAINT AUGUSTIN lorsqu'il affirma dans *La Cité de Dieu* : « Pour qu'il y eût un commencement, l'homme fut créé. » Autrement dit : Pour que vienne un autre commencement, il y eut le premier commencement de la création. De fait, l'engendrement des fils dont témoigne le NOUVEAU TESTAMENT, bien qu'il apparaisse *dernier* dans notre chronologie s'avère être **PREMIER**. N'est-il pas en effet le but visé dès le début, bien que d'abord caché aux yeux et aux oreilles des matrices de la création ? Il s'ensuit que la GENÈSE n'est pas le point de départ, mais un espace intermédiaire. Il est la grossesse du véritable projet. Il en est ainsi de tout homme, car le nourrisson ne commence pas à exister dans le ventre maternel, il naît d'une rencontre amoureuse qui l'appelle à la vie avant même qu'il ne soit un embryon, et il est accompli lorsqu'il s'élève comme Fils, ne dépendant plus de ses géniteurs naturels.

L'acte créateur de la GENÈSE est en fait un long commencement raisonnable placé sous l'égide des limites de l'intelligence. Il est une organisation que des forces extraordinaires mettent en place à grands coups de séparations de la matière : la lumière est séparée des ténèbres, le ciel de la terre, les eaux des continents, les végétaux des animaux, les oiseaux des poissons, l'homme des mammifères, le mâle de la femelle, puis enfin chaque individu par rapport à son prochain : Ève et Adam en vis-à-vis. C'est Dieu qui donna à ces forces de distinction la prérogative de faire échapper la matière du chaos, faisant ainsi abonder une vie biologique nourricière, mais une vie en gestation, en attente d'un devenir. C'est pourquoi la moindre de ces forces ne disparaîtra pas, et le plus petit détail de leurs lois ne sera pas supprimé jusqu'à ce que la gestation soit arrivée à son terme : « jusqu'à ce que tout soit accompli » disait le Christ. Dans un premier temps, Dieu soumet donc l'existence aux limites des lois naturelles ; il la nourrit à l'arbre du bien et du mal, faisant ainsi concourir à son projet le raté de l'humanité qui s'adonne au dualisme.

C'est ainsi que, petit à petit, l'individu assujetti aux commandements de la création voit ceux-ci se muer en une conscience du bien et du mal à l'intérieur même de son âme. Pressé entre menaces et espoirs, l'homme s'éveille alors à **SA LIBERTÉ**. C'est elle qui l'appelle à **SORTIR**, non plus seulement du chaos, mais du premier commencement de l'ordre des lois ; c'est-à-dire à lutter contre les principautés de la raison. Car sa liberté pousse l'homme vers une nouvelle dimension de la pensée : celle de la foi. Elle seule peut lui faire goûter, dans l'incognito, à son être à-venir, à sa vie spirituelle, à l'infini des possibles dont il espère la venue – au second commencement de son engendrement filial. Quand viendra cette Vie, l'intelligence qui soumet la création sera jugée par les fils de l'homme, et celle-ci pourra enfin entrer dans le repos après lequel elle soupire : « Ne savez-vous pas que nous jugerons les anges ? » disait Paul (1 Cor 6³). Tout sera enfin soumis aux fils que l'Esprit aura engendrés en les délivrant de leur première genèse. En ce jour, les limites de la raison cesseront de dominer l'Être à qui « rien ne sera impossible ».

En cherchant le conflit direct avec le premier commencement créateur, on s'oppose donc à de gigantesques et subtiles puissances intellectuelles ; et en entrant de la sorte sur leur terrain, on tombe inévitablement dans leurs griffes. Tendance que MARC évite. Il rend honneur au « commencement » hébreu, au *bereshit*. Il lui offre une perspective plutôt qu'une mort : « C'est une bonne nouvelle », dit-il à la Loi créatrice et à son ordre, « ta domination touche à sa fin, et les souffrances qui en résultent sur le créé ne seront bientôt plus ; lorsque tu tomberas des cieux pour n'être qu'un simple serviteur aux pieds des fils de l'homme, les arbres battront des mains et les collines sauteront de joie, car la création entrera dans son repos de shabbat ». Tandis que le texte de JEAN soumet l'homme à une tentation. Car nous pourrions imaginer qu'il veuille unir en un seul le processus de **GESTATION** de la GENÈSE et l'**ENGENDREMENT** de l'ÉVANGILE, comme s'il était possible de laisser éternellement l'enfant dans le ventre de Mère Nature par la diablerie des réincarnations. La spiritualité consisterait dès lors à délivrer l'homme de la nature et de l'engendrement, soit donc à le désincarner : à lui faire vivre sa mort. C'est à ce genre de chimères qu'on aboutirait en imaginant que JEAN en appelle au *logos* grec pour expliquer l'origine de toute chose – et pour expliquer Dieu lui-même ! Il faudrait par conséquent que Jérusalem se soumette à Athènes. C'est ainsi qu'on retrouve, presque mot pour mot dans le grec, le premier verset de JEAN dans la bouche même du philosophe PLOTIN : « Au commencement est la raison (logos/λόγος), et tout est raison (logos/λόγος). Par elle sont engendrées les choses et mises en ordre les générations.[1] » Et CHESTOV d'en faire le commentaire critique suivant : « Conformément à ceci, le commencement du mal, c'est le refus téméraire de l'homme de s'incliner devant le logos, la loi antérieure au monde[2]. » Mais était-ce là aussi l'intention de JEAN ? Voulait-il soumettre l'homme à la raison au nom du Christ ?

Faire venir le *logos* grec au cœur des origines, puis le diviniser, ce n'est pas conduire la création au repos, ce n'est pas élever la liberté des fils de l'homme au-dessus d'elle, c'est rendre éternelle la domination d'un dieu-raison. C'est définitivement clouer notre liberté au tribunal de la raison. C'est prétendre que l'homme serait accompli dès lors qu'il deviendrait de l'intelligence incarnée. C'est dire que l'homme serait de la logique faite chair, au même titre qu'un ordinateur est la concrétisation d'un savoir dont la raison se glorifie. C'est prophétiser le règne des choses et des machines ! Dieu affirme tout le contraire. Il condamne dès le début cette divinisation du visible, car il lui ôte, ainsi qu'à l'homme qui vient de la couronner, la possibilité de perdurer pour toujours : « Qu'il n'avance pas la main pour prendre aussi de l'arbre de vie, en manger et vivre à jamais ! » (3^{22}). Affirmer que la raison est Dieu va à l'encontre des ÉVANGILES et des propos du Christ.

---

1 *Ennéades* III, 2, 15.
2 LÉON CHESTOV, qui dit en outre de PLOTIN qu'il avait « synthétisé tout ce qu'avait créé avant lui la pensée grecque », *La balance de Job*, chap. 3 : Les favoris et les déshérités de l'histoire.

En effet, si la raison, avec son divin *logos* créa l'homme pour elle-même dès l'origine, ce n'est donc pas dans l'espérance d'une résurrection corporelle où « rien ne sera impossible à l'individu », mais c'est afin que l'homme abandonne son corps, afin qu'il devienne une pure pensée, lui-même un *logos*, une conscience incorporelle, afin que « rien ne lui soit possible », afin qu'aucune incarnation propre à chaque individu ne puisse jamais naître. Certes, l'humain échapperait ainsi définitivement au chaos, mais en sacrifiant son pouvoir de s'incarner dans le réel, en **SACRIFIANT SA PAROLE** précisément ! Le *logos* grec veut donc s'assujettir nos expressions extérieures ; et, niant qu'elles prennent leur source dans notre volonté intérieure, il veut lui-même en être la source, il désire s'asseoir sur le trône de nos intentions. Il fait violence à notre intimité. Il crucifie notre origine. Cela fait, il pourra prétendre par la bouche de PLOTIN être « le commencement de tout ». Ainsi ruinera-t-il nos différences, faisant de chacun un clone de l'autre. Le *logos* est en vérité effrayé par notre liberté qui ne cesse de le remettre en question, c'est pourquoi il condamne notre vouloir en le confondant avec le chaos. Se croyant lui-même le « commencement de tout », il accuse notre volonté d'**ANARCHIE** dès lors qu'elle veut lui échapper, il l'accuse littéralement d'être « sans commencement », sans autorité première, sans (*an*) origine (*arché*). L'homme dont il est victorieux sera donc inexorablement conduit vers l'immobilisme, vers cette perfection qui consiste pour la raison à nous « délivrer » de notre inique et mouvante liberté. Tout *logos* qui devient un dieu conduit les hommes à être pétrifiés dans la mort.

Cet amalgame entre Dieu et la raison, entre le Christ et la logique rationnelle, ceci est un malheur. Comment JEAN a-t-il pu faire une telle erreur ? Ne faut-il pas penser, avec CLAUDE TRESMONTANT, que le texte fut d'abord dit en hébreu, par un Hébreu – pour être ensuite écrit dans le grec ? Si tel est le cas, le premier traducteur, en assimilant le Christ au *logos* grec annonça la future soumission que l'Église offrira continuellement à l'Athènes moraliste et raisonnable. Mais que TRESMONTANT ait raison ou non, peu importe en définitive ; nous connaissons en effet toute la difficulté de traduction inhérente au mot « *logos* » dont le sens est multiple. Aussi peut-il fort bien avoir été utilisé, soit trop naïvement, soit dans l'intention précise de concurrencer la *glorieuse* philosophie. Quoi qu'il en soit, au cours des siècles, les traducteurs ont toujours été gênés. C'est pourquoi ils se sont tous efforcés de rendre le *logos* dans leurs propres langues par un vocable moins empreint de cette philosophie dans laquelle il n'a cessé de baigner. Aucun des ÉVANGILES n'ose donc se servir des mots « raison » ou « intelligence » comme le ferait un philosophe, mais tous se servent de la « parole » ou du « verbe ». Bel effort certes, belle tentative, mais **LE MAL ÉTAIT FAIT** ! Car le *logos*, quand bien même devenu « la parole » n'échappe pas à l'étreinte de la raison dont il est tout imprégné.

C'est ainsi que le christianisme sacralisa la Bible en l'identifiant à la Parole de Dieu, à l'instar du scientifique qui revêt d'infaillibilité ses ouvrages, ou du penseur qui identifie le dogme philosophique à la vérité. La religion « chrétienne » édicta enfin, sur tables de métal, les doctrines puritaines et les vérités religieuses de cette Parole forgée dans les ateliers du dieu-logos. Et le bûcher, l'excommunication ou la calomnie attendent qui les contesterait : *arrachons donc la langue de celui qui ose questionner Dieu.* Convaincu d'entendre clairement l'apôtre, le « chrétien » loua ainsi l'inspiration de JEAN : « Dieu s'est vraiment matérialisé – dans l'Église, par ses Autorités et au nom des saintes Écritures. »

Si le christianisme ne s'était pas sans cesse vendu à la connaissance raisonnable, il aurait probablement mieux entendu de quoi JEAN parlait. Mais tel l'athée, il a toujours tremblé devant la logique impersonnelle de la raison. Eut-il eu le cran de la fustiger que soudain, **DERRIÈRE LA PAROLE**, il aurait vu apparaître le parlant – c'est-à-dire **LE SUJET**. Or, à qui se révèle le sujet se révélera aussi sa volonté changeante, dont il est couronné, son mouvement, son désir que rien ne limite. De là entendra-t-il : *Au commencement était le Vouloir divin, l'Esprit libre parlant.* Et qu'est-ce que ce Vouloir ? C'est précisément ce silence si précieux qui précède le « commencement » hébraïque. Le silence de la volonté. Le murmure de l'intime. C'est l'Être. C'est celui qui ne concède à aucune parole un pouvoir définitif, une autonomie ; aussi Dieu a-t-il l'humilité de son pouvoir : il peut se repentir d'une parole et parvenir pourtant à ses fins. À l'inverse, toute parole qui n'accepte pas d'être reprise, d'être reformulée en fonction des aléas de l'être vivant, est une parole qui se métamorphose avec arrogance en *logos*, en un concept immuable, en un système infaillible. Mais tout système voit un jour son règne s'abolir, car le Christ a refusé sa vie au *logos*. Le Christ veut que toujours puisse être effacé ce qui a été, il veut que la faute puisse être pardonnée, il veut que toutes les lois puissent être biffées, il veut que la vie puisse être dite à l'infini. Dieu exprime sa volonté dans une continuelle improvisation, sans que l'organisation rassurante de la *logique* ne le restreigne ; parce qu'il est essentiellement passionné pour son enfant, **VIVANT ET CHANGEANT**, et qu'il l'appelle à être un jour comme lui : réellement libre. Dieu est insoumis, adogmatique et irréligieux. Jamais sa volonté exprimée ne sera devancée par l'intelligence dont il se sert comme d'un instrument, quand bien même le ciel et la terre, et tout l'outil de la création avec ses divins-*logos* devraient pour cela disparaître : « Le ciel et la terre passeront, mais mes paroles ne passeront point. » (MATT 24[35]) – « Mon projet à ton égard s'accomplira ! quand bien même il me faudrait jeter les montagnes dans la mer, faire s'effondrer des univers ou encore monter sur la croix ; et la mort même, cette pure logique de la raison, ne saurait m'empêcher de t'aimer. Je saurai gémir pour te faire naître, mais je ne craindrai pas pourtant de déchirer le ventre de la nature et de brûler ses lois qui te retiennent en son sein. »

Et la volonté de Dieu s'est incarnée. Son silence s'est fait Homme. Il est venu murmurer aux cœurs : « Je t'offre gratuitement le pouvoir de naître, non pas du sang, ni d'un vouloir de chair, ni d'un vouloir d'homme, mais du *vouloir* de Dieu. » Ainsi parla JEAN quelques versets après son « au commencement ». Il parla d'une sortie de la Nature, il parla du commencement à-venir, il parla avec MARC d'un engendrement selon le vouloir de Dieu. Un « vouloir » exprimé ici-bas dans le secret, le secret de nos chambres. Un « vouloir » qui **PRÉCÈDE ET DÉPASSE** le premier mot prononcé par la GENÈSE. Un « vouloir » qui échappe au visible, qui sort de la réalité présente, qui est au-delà de toute origine. Un « vouloir » de l'Être qui peut prétendre être par lui-même l'origine, être lui-même « le commencement et la fin ». Ainsi parla le Christ : « Je suis, j'étais et je viens. » (Apo 1^8) – « Et je te conduirai avec moi au-delà des perfections, au-delà des paroles intelligentes par lesquelles la création te maintient pour un temps en son ordre. » Heureux qui entend le murmure de cette poésie, heureux qui entend le silence de Dieu précédant et dépassant la création. Celui-ci sait qu'il existe aujourd'hui pour demain embrasser sa liberté ; aussi vit-il dans le devenir. Il vit dans ce qui n'est pas révélé aux fils de la création. Il vit dans une parole d'évocation. Il vit par la foi. Et vivre, dira-t-il, c'est être dans ce devenir qui un jour s'est fait homme à Bethléem : *Au commencement était le dire silencieux du devenir, et ce dire caché est un mouvement de Dieu et Dieu lui-même. Et ce mouvement s'est incarné dans le Christ afin d'entraîner vers lui tous ceux qu'il aime.* N'est-ce pas ce que l'auteur du quatrième ÉVANGILE voulait nous conter ?

Qu'ils soient un
À partir de Jean 17[22]

> Et moi, je leur ai donné la gloire que tu m'as
> donnée, pour qu'ils soient un comme nous
> sommes un [...]

Il n'est guère de texte de l'Évangile qui ressemble plus aux philosophies orientales que ce passage. Aussi est-il tentant d'aller chercher le levain du bouddhisme ou de l'hindouisme pour le mêler au texte biblique afin de l'expliquer. Combien le christianisme établi est ignorant! Car si «l'aspiration de tous à ne faire qu'un a été notoirement secondée par le Dieu unique, elle ne l'a pas attendu pour se manifester», remarque Régis Debray dans *Le Feu sacré*. «L'Un était présent en Égypte bien avant le coup d'État monarchiste d'Akhenaton contre les prêtres d'Amon. C'était Noun, l'Océan primitif, d'où sortit le soleil, d'où sortira la vie. L'Un s'est profilé en Grèce où Platon évoque la divinité (*ho theos*) en même temps que les dieux (*hoi theoi*), et Aristote, le premier moteur immobile du monde. C'est l'inengendré de XÉNOPHANE et l'Un tout d'une pièce de PARMÉNIDE. C'est le BRAHMAN de l'Inde védique [...]. C'est le GRAND UN du tao chinois, le TAIYI, union du yin et du yang, etc. » Il est dès lors si simple de noyer le « QU'ILS SOIENT UN COMME NOUS SOMMES UN » du Christ dans ce courant œcuménique. Le Christ devient un prophète parmi d'autres, annonçant le même message, dévoilant la même vérité : le Dieu Un, ou l'Un, qui doit être en tous et en qui tous doivent former Un seul être.

Malgré cette tentative de simplification infantilisante, malgré ce refus de lire tout le Christ, de se confronter à ses continuelles contradictions, alors qu'il dit ailleurs, par exemple : « Pensez-vous que je sois venu apporter la paix sur la terre ? Non, vous dis-je, mais la division. » (LUC 12^{51}) ; malgré, en définitive, cette malhonnêteté intellectuelle, une question demeure : le « qu'ils soient un comme nous sommes un » du Nazaréen est-il vraiment destiné à la communauté ? N'est-ce pas à l'individu qu'il s'adresse en premier lieu ? Et qu'est-ce que ce fameux « un » entre Jésus et celui qu'il appelle son Père ? C'est en vérité l'outrecuidance qu'a Jésus de dire qu'il est le Père ; et que le Père est Jésus. L'Être divin n'est pas divisé en lui-même. C'est précisément cette indivision que nous ne voulons pas voir avec netteté. Il suffit pourtant d'ouvrir un dictionnaire étymologique pour remarquer que le mot « individu », *individum* en latin classique, traduit le grec *atomos* « atome » : « qu'on ne peut couper, ce qui est indivisible ». Il sert à désigner un objet unique par opposition à *genus, species*, le « genre » ou l'« espèce », nous dit le *Robert historique de la langue française*. En effet si l'espèce est divisible, parvenue à l'individu, toute division supplémentaire devient criminelle ; de sorte qu'à chaque fois que nous parlons d'un individu, nous désignons en vérité un **INDIVISIBLE**. Nous sommes, dans le projet divin, des indivisibles. Le malheur est que tel n'est pas le cas dans le concret : l'individu a été divisé.

Un malheur qui n'a cependant pas touché l'Être divin : « nous sommes un » disait Jésus. En effet, lorsque Jésus commandait à la réalité, la réalité obéissait ; le réel n'a jamais pu s'interposer entre l'humanité de Jésus et sa puissance, c'est-à-dire le Père ; le réel n'a jamais pu les **DIVISER**. Les lois de la Nature ont été privées de leur autorité légale devant Jésus, elles n'ont pu faire obstacle à cet homme venu d'ailleurs : il resta indivisible. Aucune des forces de l'évidence ne réussit à séparer son Être, c'est-à-dire à créer un abîme entre l'exercice de sa **VOLONTÉ** ici-bas et son **POUVOIR** céleste, entre Jésus et le Père, de sorte que « rien n'était impossible au Christ ». Ce que voulait Jésus se réalisait toujours, tant **SON VOULOIR ET SON POUVOIR ÉTAIENT UN** : « Je savais que tu m'exauces toujours ; mais j'ai parlé à cause de la foule qui m'entoure, afin qu'ils croient... » (JN 11).

Tel n'est pas le cas des hommes. Ils ne font pas ce qu'ils veulent et ils font le mal qu'ils ne veulent pas. Car leur essence spirituelle est hors de leur atteinte, elle a été vidée de sa puissance effective ; ils sont privés du don de la liberté parce qu'ils se sont séparés de Dieu. Le pouvoir de la réalité les limite, la nécessité avec ses lois raisonnables est supérieure à leur vouloir ; ils ne sont pas un, mais **DIVISÉS** en eux-mêmes. Un gouffre infranchissable sépare leur liberté, qu'ils pressentent, de leur capacité à l'incarner dans la vie concrète.

Qu'un homme puisse un jour redevenir Un en lui-même ; qu'à l'instar de l'Être divin, il puisse affirmer avec Jésus : « Je suis Un et indivisible, même devant la dernière vérité : la mort » – voici une bonne nouvelle ! Le Christ formula d'ailleurs cette promesse de différentes manières, car lorsqu'il dit : « Rien ne vous sera impossible », ou encore à propos des hommes entrant dans le Royaume des cieux : « Dieu répandra sur eux sa lumière, et **ILS RÉGNERONT** aux siècles des siècles » (APO 22^5), il faut ici entendre la chose suivante : « Vous serez Un par **LA GLOIRE** que je vous donne ; vouloir et pouvoir seront un en vous. Aussi, la nécessité avec ses souffrances ne sera plus et son armée des lois ne s'imposera plus à vous, mais elle vous sera soumise, comme des serviteurs à leur roi. Vous régnerez ; c'est ainsi que je vous ferai asseoir avec moi sur mon trône. » Cette gloire dont il est ici question, c'est l'Esprit, c'est-à-dire la vie redonnée, non plus notre vie présente biologique que la Nature peut toujours diviser, mais la vie même de Dieu, indivisible. Ainsi sera réalisée la synthèse entre l'âme et le corps ressuscité devenu incorruptible, comblant cet abîme insurmontable qui demeure ici-bas entre notre volonté et l'incarnation de cette dernière : l'homme sera indivisible, tel son Dieu.

Tant que l'individu se limite à devenir ce que la nature et la raison lui imposent, il est divisé en lui-même, sa volonté est asservie, et sa liberté, bien qu'il en ait conscience, est privée de puissance réelle. C'est ainsi que sa personnalité se dissocie, car être privé du pouvoir de sa volonté pousse l'homme à toutes sortes de désordres : de son impuissance naissent la frustration et la peur, puis celles-ci le poussent à diverses convoitises et machinations pour les assouvir, et enfin sa conscience le culpabilise dans l'attente menaçante de sa mort. Et tant qu'il espérera retrouver son unité par ses propres moyens, qu'ils soient intellectuels, religieux ou mystiques, l'Esprit de Dieu lui sera continuellement refusé ; l'abîme entre lui et le divin est infranchissable, il ne peut se guérir lui-même de cette dissociation entre ce qu'il est et ce qu'il veut être, entre ce qu'il fait et ce qu'il veut faire. La mort n'est finalement que le verdict dernier de cette impuissance qui s'affirmera alors absolument ; l'homme sera cette fois laissé dans une non-puissance totale, c'est-à-dire sans corps pour incarner ou exprimer la moindre de ses volontés, bien qu'il aura pleinement conscience de cette liberté, laquelle lui fera face : éternellement pétrifiée. Seul un acte divin exceptionnel peut l'en sortir, pour autant que l'homme le fasse sien ; c'est seulement en regardant la condamnation du Christ comme étant la sienne, et sa résurrection comme étant la sienne, que pourront de nouveau s'ouvrir les portes de son être à l'Esprit de Dieu. L'Esprit viendra alors le ressusciter, réconciliant l'homme avec lui-même ; il lui assurera une telle conscience de son unité, une telle confiance en cette vie nouvelle que rien ne pourra mettre en doute cette unité, ni la force brute et sauvage, ni la logique inflexible des théories : c'est la seule volonté de l'homme qui tiendra lieu de raison.

Être Un, c'est être et devenir ce que je veux, tant dans ma personne intime que dans ma corporalité ; c'est voir la réalité suivre ma volonté sans que jamais elle ne lui fasse obstacle, sans que jamais elle ne me tienne tête, telle une ouvrière de mes projets. Ainsi disait le Christ : « Va-t'en en arrière de moi, le satan ! tu me fais obstacle... » (MATT 16). Ces hommes indivisibles, nés de Dieu seul et par l'esprit de son fils, ces fils de l'homme accompliront ainsi la parole du Christ à leur égard : « Moi en eux, comme toi en moi Père ».

Le malentendu que ne cessent de porter les diverses théologies bibliques à propos de ce passage est le suivant : Être « un » serait un état où chacun serait réciproquement constitutif de l'autre, comme inhérent à l'autre, comme substance de l'autre ; un état dans lequel tous seraient fusionnés en « Un », et cet « un » serait finalement l'Un, c'est-à-dire un Dieu immanent. De cette manière, l'unité est une structure, non une personne, une structure où L'INSÉPARABLE FAIT LOI. Or, le propre de la personne est d'être vis-à-vis de l'autre, d'avoir le choix d'une distance, de ne pas être assujetti à une exhibition continuelle, mais de se donner librement dans un jeu de dévoilement et de retrait propre à l'amour. *A contrario*, le fond du totalitarisme est de « détruire tout espace entre les hommes, en les écrasant les uns contre les autres[1] ».

Ceux qui appuient cette vision mystique reprennent allègrement la métaphore d'un « corps un » dont la tête serait Dieu, et décrivent cette image d'un « corps uni » de manière littérale, en buvant l'encre du texte, et en rejetant précisément l'espace entre les mots où l'esprit fait résonner sa parole. Fondre « en un » des êtres différents entre eux et voir ici le « QU'ILS SOIENT UN » du Christ, c'est en vérité écrire une version bouddhiste, taoïste ou hindouiste du NOUVEAU TESTAMENT. Il y a une intimité personnelle qui même dans le monde-à-venir ne sera pas abolie ; bien au contraire, l'intimité est l'essence de l'homme indivisible ! En effet, le fond de son être étant un infini de possibles, il n'est pas déter-

---

[1] HANNAH ARENDT, *Les origines du totalitarisme*.

miné par un processus logique et prévisible à la perfection ; ce qu'il est et ce qu'il fait s'appuient sur sa volonté, **DANS L'INSTANT**, c'est-à-dire que son intimité comporte un secret, lequel sera ou s'exprimera lors seulement de cet instant à-venir ; aussi n'est-il pas transparent ! Certes, cela suppose une confiance en soi, et en l'autre, tout aussi infinie, mais surtout, cela place la rencontre entre les uns et les autres sous le rapport de cette confiance sans limites, soit donc, d'un amour sans bornes : « Je serai ce que je serai, et tu seras ce que tu seras ; notre amour ne connaît pas de lois. » Supposez quelqu'un, explique le philosophe MARC-ALAIN OUAKNIN, « qui ne vous soit pas radicalement autre, qui vous soit entièrement transparent [...] vous ne pourriez l'aimer ni le haïr parce que, faute de résistance et d'opacité, vous le traverseriez sans rencontrer personne : il ne serait pas. » Ce genre d'êtres qui seraient « un », c'est la machine, là où chacun « se voit soi-même demeurant dans tous les êtres » dira l'hindouiste ÇANKARA, où « l'autre n'est que l'autre de soi ». Il n'existe pas d'intimité à l'intérieur d'un ordinateur, chaque logiciel n'est que l'expression d'un code unique qui fait office de tête créatrice pour tous les programmes ; tout logiciel voit ainsi l'autre logiciel comme un autre soi, par le prisme d'une seule logique qui les a tous déterminés. Ils sont alors transparents et prévisibles les uns aux autres de manière **PARFAITE**. Ils ne parlent pas, ils récitent un code sans espace, obéissant à ce pour quoi ils ont été programmés. De sorte que le mot suivant d'un grand talmudiste est vrai : « Quand vient la perfection, le satan danse. »

En transférant un tel processus dans la réalité communautaire, il s'ensuit que le groupe devient Un ; ainsi ressemble-t-il de plus en plus à l'Être indivisible, car sa volonté, devenue volonté de masse, est de moins en moins séparée de son action par la puissance que lui apporte son gigantesque conglomérat d'adhérents. Il se meut en un totalitarisme, en un monstre, absorbant ou tuant toute volonté individuelle qui oserait lui faire face et prendre des distances vis-à-vis de lui. Il devient une sorte de méga-atome indivisible. Les individus qui veulent y entrer doivent le faire en se vidant petit à petit de leur vouloir personnel et de leur intimité particulière, tandis que ceux qui s'en extraient retrouvent précisément leur liberté et leur pudeur. Cette frénésie du « toujours plus de liens », façonnant une communauté de « l'Un en tous », est **L'IDÉE FONDAMENTALE DES PHILOSOPHIES ORIENTALES** ; et c'est par cet Un fantomatique que la communauté monte sur le trône divin, qu'elle devient sacrée, qu'elle devient dieu. Elle abolit Dieu en imitant la force de sa liberté par la force brutale du nombre et de la masse, la force magnétique.

C'est ainsi qu'en séparant et divisant toujours plus l'être de son vouloir, elle chemine petit à petit vers une sorte de tohu-bohu originel ; car si tous parviennent au stade fusionnel, définitif et parfait, l'étrange processus absorbera enfin la raison elle-même, elle dont le bien et le mal portent encore trop l'alternative d'un choix, les relents d'un libre arbitre menaçant pour l'Un. Il s'agira ainsi de faire Un de toutes les dualités, d'ôter toutes les logiques, toutes les causes, de parachever l'unité jusqu'à sa perfection, de fusionner toutes les idées de sorte que nulle ne s'oppose à l'autre et ne trouble la paix de l'unité en marche. Que restera-t-il une fois un tel projet accompli ? Le néant. Un vide absolu faisant résonner dans un silence parfait le « je ne suis pas » bouddhiste. Tel est l'aboutissement de cette boulimie de l'unité : l'un plus l'autre est égal à un, puis enfin à zéro. Les hommes ont divinisé l'unité et se sont effacés les uns les autres. L'Un a vaincu par le néant, car la mort est toujours « une » tant elle enferme en elle une multitude de ses semblables que sont les morts ; d'où l'expression « nirvana », *sans souffle*.

Cette unité venue du néant, c'est en réalité « l'éternité immobile et sa sœur la mort », pour reprendre l'expression de CHESTOV ; et lorsque « l'âme humaine apparut dans le monde, parvenant à tromper l'éternité, l'homme entra en lutte contre cette inertie » (*La balance de Job*). Or, dès l'instant où l'âme humaine soumit sa liberté à la stabilité que lui suggérèrent les lois du bien et du mal, l'homme perdit son combat contre l'inertie. Il s'incarna selon les lois, et il rendit toute chair corruptible, vouée par les lois de la matière à retourner dans l'inanimé ; la nécessité émergea et il devint mortel. Ayant perdu ce Dieu qu'aucune loi ne peut soumettre, il se divisa en lui-même, menacé par la nécessité, que sa volonté destituée de l'Esprit ne put dominer. Déployant dès lors tout son zèle et sa créativité, il convoita contre le ciel, la terre et son prochain, essayant de combler le manque dû à l'impuissance de sa volonté. L'unité s'offrit alors naturellement comme secours miraculeux contre ces violences opposant les uns contre les autres. Depuis lors, elle leur a minutieusement fait accroire que son règne valait mieux que celui de chaque-Un, tant leur liberté est capricieuse. Elle transforma ainsi le « Dieu répandra sur vous sa lumière, et **VOUS RÉGNEREZ** aux siècles des siècles » du Christ, en : « Que chaque-Un se répande en moi, l'unité, l'Un, et je régnerai pour vous durant l'éternité. » Ainsi l'unité les a-t-elle dominés dans tous les domaines, car toutes les activités humaines ont pour idéal sacré le couronnement du tous-en-Un.

Quelle brèche l'unité trouva-t-elle chez l'individu pour le captiver si radicalement au point qu'il l'élève comme Dieu ? **C'EST LA PEUR**. D'une part, celle d'une rencontre avec l'autre qui serait l'occasion d'affirmer ce que je suis, ma distance donc ma liberté ; et d'autre part, la peur de voir cet inconnu questionner mes certitudes. Bien plus encore : comment supporterai-je que sa nouveauté me porte à juger dégradante l'image idéale de l'homme que je me suis construite ? Et comment ne pas s'épouvanter si cette nouvelle perspective donne à l'être l'infini des possibles ? En effet, deux êtres qui accepteraient un tel point de vue seraient privés de toute certitude lors de leurs rencontres ; ne leur resterait que de s'appuyer sur l'amour l'un pour l'autre, ce qui les conduirait à exalter la différence de l'autre comme si elle était sienne. Et de là surgirait **UN SOUDAIN** : la distance initiale entre eux s'estomperait, et l'union paraîtrait, mais une union devenue une gloire telle que nul ne l'avait imaginée, puisqu'elle émanerait de l'infini de possibles dont tous deux sont revêtus. C'est ainsi que Dieu se dévoile ! L'union, pour dire une saine unité, peut-elle donc prendre racine ailleurs que dans la diversité ? Non. Et plus la diversité est bigarrée, plus l'union en devient glorieuse. De sorte que seule la liberté peut fonder l'union, et sans liberté, s'unir n'est rien d'autre que le regard de l'un sur lui-même : cette sorte de liberté est la solitude. L'union tiédit et s'affadit à mesure qu'elle est privée de liberté ; et unir des êtres sans distances, déjà semblables et transparents l'un à l'autre, ce n'est pas les unir, mais les coller l'un à l'autre pour former une image plane monochrome et sans perspective, une image morte. Une telle union-fusion est en vérité une anticipation de la haine de l'autre, elle est motivée par une peur de la différence et par l'angoisse de la liberté.

Le « qu'ils soient un » évangélique ne s'incarnera pas dans une collectivité fusionnelle, il exclura même les êtres semblables qui s'imitent les uns les autres, comme émanant les uns des autres, de miroir à miroir. C'est pourquoi, « être un » comme le Christ est un avec son Père ne consiste pas à séparer les individus de leur vouloir, mais à vivifier leur liberté au-delà de la raison, une liberté telle qu'elle rend le fils de l'homme capable de se sacrifier pour une cause que la loi a déjà jugée comme perdue. Le Christ n'est pas, contrairement à BOUDDHA et BRAHMAN, l'un de ces prophètes du néant. Son « qu'ils soient un comme nous sommes un » est le socle sur lequel il repose ; parce qu'il a plus de joie à le faire entendre à un seul de ses enfants égarés de sa vie éternelle, afin de lui préparer une fête, qu'à quatre-vingt-dix-neuf justes paisiblement « un » et semblables dans l'éternité immobile de leurs certitudes communes.

Les dictatures de l'Un
À l'attention de tous...et de tout un chacun

LE LABEUR PHÉNOMÉNAL entrepris par les sciences, les morales et les religions depuis des siècles pourrait être résumé de la manière suivante : LA QUÊTE DU SACRÉ-UN. Depuis THALÈS et son « tout est un » ou ANAXAGORE et le « tout est dans tout », jusqu'à HEGEL élaborant la « conscience universelle » qui conduit à l'unité du monde, ou encore EINSTEIN avec son zèle pour l'Équation universelle ; sans oublier le catholicisme dont le nom issu du grec signifie « universel » ou le protestantisme acharné à unir les nations sous son joug, de même que le judaïsme et l'islam, convaincus d'avoir une mission mondialiste ; et enfin les philosophies hindouistes, ennemies jurées de la distinction et voulant tout absorber dans l'unité totalitaire du BRAHMAN, *et cætera*. L'ensemble des penseurs, des chercheurs et des religieux ont poursuivi l'unité comme ultime vérité.

Lorsqu'enfin COPERNIC et GALILÉE poussent la terre hors du centre de l'univers, ils annoncent en vérité l'abolition de l'antique dualité séparant le ciel de la terre. Ils « prophétisent » l'unité du cosmos : le vieux géocentrisme laissera désormais la place à la primauté des astres comme centre de tout. L'astronomie phagocyta donc l'ancienne représentation géocentrique de notre espace et imposa la nouvelle norme de l'héliocentrisme. Un élan inattendu, un enthousiasme neuf enflammèrent alors les sciences et les sociétés, qui, grâce aux dernières thèses de l'astronomie – observation des astres transfigurée en Science du Cosmos – vécurent une sorte de big bang scientifique. Il semblait que l'Unité tant désirée était en train de dévoiler son visage. La perspective d'un monde nouveau se dessinait, et cette unification du ciel et de la terre fut la promesse d'accomplir les rêves les plus fous d'un homme devenu Dieu par sa puissance à apprivoiser les étoiles.

Mais cette intuition mystique de l'Un avait depuis longtemps fondé les croyances et les philosophies nées des Indes et de la Grèce dans les périodes antiques : elle était en vérité « Mère de toutes les religions » ! C'est pourquoi ces dogmes ancestraux envahirent subitement l'homme occidental qui, sans se l'expliquer clairement, reconnut intuitivement en eux les racines de son espérance unitaire. Après l'inspiration des Grecs qui avaient d'abord incarné l'Un dans la raison, l'ère moderne embrassa les mythes de l'Inde et vit en eux une source vitale indispensable à son fabuleux projet de mondialisation de l'humanité. L'Occident moderne leur octroya donc un espace considérable sur ses terres. Son vieux monothéisme athée jeta enfin un pont vers ses racines orientales pour sortir de son adolescence. Les religions eurent d'ailleurs bien des difficultés à se réformer, si bien qu'il fallut les y aider par les menaces de la guillotine. Mais tout rentra finalement dans l'ordre, et le christianisme établi ainsi que le judaïsme ont depuis prouvé leur vassalité à l'hindouisme et au bouddhisme. Ils mêlent et adaptent sans scrupules, dans leurs pratiques religieuses comme dans leurs théologies, les diverses

« vérités » importées de l'extrême orient. Quant à l'islam, il peine encore à cette tâche, aussi est-il en porte-à-faux ; le Grand Un l'a mis au piquet, jusqu'à ce qu'il voie, lui aussi, que sans une réforme il devra mourir. En réalité, l'Unité absolue fonde les civilisations. Elle les propulse vers l'avenir ; l'anathème est jeté sur quiconque conteste les preuves objectives de cet inéluctable faux progrès enchanteur et hypnotique !

Les modérés et les tièdes auront donc le dernier mot, fermant la bouche à tous ceux qui ne les rejoindront pas dans leur « sagesse » ; la quête du sacré-Un se réalisera entre leurs mains et lorsque tous les extrêmes seront Un en eux. C'est pourquoi ils œuvrent contre les groupes de contradicteurs : ces rebelles. Ils veulent les convertir à leur vision, puis enfin les embaucher pour bâtir avec eux le monde futur de l'absolue harmonie. Tout « signe suscitant la contradiction » est donc regardé comme « une épée transperçant l'âme universelle » en devenir, jetant un feu en elle, troublant sa magie, brisant sa fraternité, refusant que l'individu devienne clone de son prochain. « De fait, diront les maîtres de l'harmonie, il faut éradiquer les contradicteurs par la douce et vicieuse modération du serment de coude : en faisant bloc. Qu'on se congratule les uns les autres et que "celui qui n'espionne pas ne mange pas." » Tel est leur slogan. « Voyez, disent-ils à la foule, les prophètes de la contradiction sont des pestes ; ils vous annoncent leur : *qu'ils soient un comme nous sommes un*, mais ils ne cessent de vous mettre en question et de vous inquiéter. Comment une chose peut-t-elle naître de son contraire ? Comment de leurs contestations peut-il advenir l'unité ? Voyez en outre combien la nôtre est raisonnable,

41

comment elle peut vous délivrer de la solitude et de cette énorme charge qui consiste à porter un nom unique. Venez à nous, vous qui êtes épuisés par cet étroit chemin du chaque-un ; entrez par le spacieux chemin de l'Un. Nous vous ouvrirons les larges portes de notre nom de famille ; nous fusionnerons en Un vos particularismes tout en vous en laissant les restes : l'apparence des différences ! Reposez-vous dans nos tranquilles bergeries, goûtez au bonheur de l'Un. Il s'occupe de tout. Nous avons pensé à tout pour vous !

Certes, leur répondra un prophète de l'étroitesse, vous avez pensé à tout, tandis que Dieu, lui, *peut* tout, n'étant pas une pensée mais un être à la volonté insoumise. S'il exalte les individus et protège l'intimité de leur nom unique, s'il échappe à toutes les généralités, ne dévoilant jamais son mystère aux noms communs, n'est-ce pas justement parce que ces noms de groupe sont fantomatiques ? Ils ne sont pas des êtres et Dieu ne les connaît pas. Dieu ne connaît pas d'église si ce n'est le cœur d'un homme. En vérité, la pudeur de Dieu est un feu dévorant à l'encontre des fantômes de l'Un, de leurs dénominations, de leurs serments de coude, de leurs identités nationales. C'est ainsi que son infini, que sa liberté mouvante consume les perfections d'un fini éternel et figé dont rêvent les religions et les athées. Eh quoi ! que sont donc les tièdes entre eux si ce n'est un fantasme de la différence ? Le prochain n'est ici que l'ombre projetée de soi-même dans la perspective d'un dieu-Un immobile. Unir des ombres entre elles, n'est-ce pas plutôt l'enchantement d'une fausse unité ? Ne voyez-vous pas que l'unité, ou plutôt l'union, ne peut paraître qu'entre des individus ayant fait l'exode des dictatures de l'Un ? Dès lors, ces fils de la liberté, revêtus d'un nom unique, comme leur Père, ont l'infini des possibles en eux-mêmes, précisément parce qu'ils l'ont en Lui ; c'est ainsi que l'autre devient vraiment un frère, parce qu'il se présente toujours comme un être nouveau, un nom nouveau, né de cette même liberté illimitée qui les unit tous. Ainsi commencent toujours les vraies histoires d'amour.

# II - LA DISCRIMINATION DIVINE

...à chaque-Un.

Celui qui sème sortit pour semer
Une lecture de l'Évangile de Matthieu 13$^{1\text{-}23}$

Rappel du texte de Matthieu 13$^{1\text{-}23}$

13^1 En ce jour-là, Jésus sortit de la maison et s'assit au bord de la mer. ^{2} De grandes foules se rassemblèrent près de lui, si bien qu'il monta dans une barque où il s'assit ; **toute la foule se tenait sur le rivage**. ^{3} Il leur dit beaucoup de choses en paraboles. « Voici que le semeur est sorti pour semer. ^{4} Comme il semait, des grains sont tombés au bord du chemin ; et les oiseaux du ciel sont venus et ont tout mangé. ^{5} D'autres sont tombés dans les endroits pierreux, où ils n'avaient pas beaucoup de terre ; ils ont aussitôt levé parce qu'ils n'avaient pas de terre en profondeur ; ^{6} le soleil étant monté, ils ont été brûlés et, faute de racine, ils ont séché. ^{7} D'autres sont tombés dans les épines ; les épines ont monté et les ont étouffés. ^{8} D'autres sont tombés dans la bonne terre et ont donné du fruit, l'un cent, l'autre soixante, l'autre trente. ^{9} Entende qui a des oreilles ! » ^{10} Les disciples s'approchèrent et lui dirent : « Pourquoi leur parles-tu en paraboles ? » ^{11} Il répondit : « Parce qu'**à vous il est donné de connaître les mystères du Royaume des cieux**, tandis qu'à ceux-là ce n'est pas donné. ^{12} Car à celui qui a, il sera donné, et il sera dans la surabondance ; mais à celui qui n'a pas, même ce qu'il a lui sera retiré. ^{13} Voici pourquoi je leur parle en paraboles : parce qu'ils regardent sans regarder et qu'ils entendent sans entendre ni comprendre ; ^{14} et pour eux s'accomplit la prophétie d'Esaïe, qui dit : "Vous aurez beau entendre, vous ne comprendrez pas ; vous aurez beau regarder, vous ne verrez pas. ¹⁵ Car le cœur de ce peuple s'est épaissi, ils sont devenus durs d'oreille, ils se sont bouché les yeux, pour ne pas voir de leurs yeux, ne pas entendre de leurs oreilles, ne pas comprendre avec leur cœur, et pour ne pas se convertir. Et je les aurais guéris !" ¹⁶ Mais vous, heureux vos yeux parce qu'ils voient, et vos oreilles parce qu'elles entendent. ¹⁷ En vérité, je vous le déclare, beaucoup de prophètes, beaucoup de justes ont désiré voir ce que vous voyez et ne l'ont pas vu, entendre ce que vous entendez et ne l'ont pas entendu. ¹⁸ **Vous donc, écoutez la parabole du semeur.** ¹⁹ Quand l'homme entend la parole du Royaume et **ne comprend pas**, c'est que le Malin vient et s'empare de ce qui a été semé dans son cœur ; tel est celui qui a été ensemencé au bord du chemin. ²⁰ Celui qui a été ensemencé en des endroits pierreux, c'est celui qui, entendant la Parole, la reçoit aussitôt avec joie ; ²¹ mais il n'a pas en lui de racine, il est l'homme d'un moment : dès que vient la détresse ou la persécution à cause de la Parole, il tombe. ²² Celui qui a été ensemencé dans les épines, c'est celui qui entend la Parole, mais le souci du monde et la séduction des richesses étouffent la Parole, et il reste sans fruit. ²³ Celui qui a été ensemencé dans la bonne terre, c'est celui qui entend la Parole **et comprend** : alors, il porte du fruit et produit l'un cent, l'autre soixante, l'autre trente.

I · EXPLICATION ET SÉPARATION

L'EXPLICATION QUE DONNE LE CHRIST de la parabole du semeur est-elle vraiment *une explication*? Quatre phrases laconiques (19-23) et le voilà déjà à proposer d'autres récits. Ne voyait-il pas qu'avec ce trop bref commentaire il nous laissait sur notre faim? Assurément, quand il répète la parabole une deuxième fois, il lui donne alors plus de clarté, mais en conclure que nous posséderions à présent son explication pleine et entière, ce serait ramener le propos à bien peu de profondeur. En réalité, dans cette seconde narration adressée cette fois à ses disciples, le Nazaréen **commence à peine** à dérouler ce qu'il veut dire. Cette parabole, ainsi d'ailleurs que toutes les autres, est comparable à un véritable *volumen*, ce type de manuscrit en rouleau que l'on utilisait dans l'Antiquité avant qu'apparaissent les livres reliés; le lecteur était alors obligé d'ouvrir le texte depuis son origine s'il désirait n'en lire qu'une partie. Il en est de même avec les paraboles du Christ, mais à la seule différence que dérouler ce qu'elles révèlent nous conduit à une lecture sans fin: le rouleau ne finit jamais!

Il n'existe pas d'*explication* de la parabole du semeur qui soit définitive; c'est un leurre. On ne peut en lire que ce qu'on en a déroulé et reconnaître humblement que notre lecture est celle d'une découverte toujours inaboutie. C'est pourquoi la redite lapidaire un peu moins hermétique que le Nazaréen offre à ses disciples est loin d'ôter toute son énigme au récit. Elle nous invite plutôt à creuser plus loin dans l'interprétation en nous offrant pour cela plusieurs éléments nouveaux absents lors du premier jet. Toutefois, nous n'y parviendrons jamais si l'on ne se saisit pas d'abord du mystère fondamental sur lequel le Christ focalise les siens lors de cette première *ouverture* de sa parabole ; à savoir : **la séparation**.

Jésus a séparé de la foule ses disciples. La foule correspond aux terres improductives dont parle la parabole, tandis que les intimes sont identifiés à **la bonne terre** que recherche le semeur. MARC nous montre la même chose dans son ÉVANGILE lorsqu'il nous dit que le Christ « parlait en parabole à la foule, mais qu'en particulier il expliquait tout à ses disciples » (4^{34}). L'évangéliste affirme *d'abord* la discrimination des terrains, parlant de la « foule » d'une part, et des « disciples » d'autre part. Tandis que dans le « tout expliquer » il est sous-entendu le déroulé d'une révélation **à-venir** ; c'est-à-dire d'une révélation qui viendra *ensuite*, lorsque le rouleau de vie de chacun se dévidera, année après année dans l'intimité de Celui qu'ils aiment. Une vie entière ne peut qu'effleurer le mystère du royaume des cieux ; il est toujours à-venir ici-bas car il parle d'une réalité seulement accessible en enjambant la mort.

Tel est le premier mystère de la parabole du semeur : la foule cherche une **explication finale**, mais n'en trouvant pas, elle abandonne et « reste sur le rivage » (2) ; tandis que le petit groupe comprend que le manque d'explication est la première explication, et qu'il devra puiser dans ce manque la dynamique d'une recherche de toute une vie. La bonne terre est de ce fait séparée dans la perspective de produire, elle aussi, telle le semeur qui l'a choisie, une parole évocatrice. Les autres terres produiront par contre une parole qui se veut de conclure et qu'on ne discute plus ; une parole écrasant le royaume des cieux sous ses logiques et ses vérités définitives : une parole statique.

Ainsi donc, le Christ écarte la multitude de côté pour ne garder qu'un petit groupe d'intimes près de lui ; un geste qu'il revendique et assume totalement. Et c'est précisément lorsqu'il énonce la parabole du semeur que **se déclenche** cet événement sélectif : l'événement électif. La séparation est la première intention et la première action de *celui qui sort pour semer*. Semer, séparer et parler en paraboles sont des termes synonymes : c'est procéder à l'élection de quelqu'un. Toute parole qui n'est pas fondée sur ce mystère qu'est l'élection est par conséquent suspecte ; et plus une parole est construite pour être appréhendée par les masses sans les disperser, plus elle est éloignée du Christ ; mais si en plus elle se revendique de Lui, elle devient la parole d'une secte de masse où l'individu « s'anonymise » dans l'essaim. Elle s'oppose directement à la parole du Nazaréen pour qui l'individu doit justement être séparé afin d'être intimement connu, aimé, et enfin révélé à lui-même. Être élu par la vérité, c'est se connaître par séparations ; tandis que se mal-connaître, c'est élire la communauté en tant que vérité au risque de se noyer en elle.

Mais cette position que prend d'emblée le Christ est surtout une situation **tout à fait nouvelle** au regard de l'Écriture. Jusqu'à lui, ce que l'ANCIEN TESTAMENT appelle *la parole de Dieu* était interprété comme un enseignement populaire et à portée universelle. Même le Christ le reconnaît lorsqu'il enseigne aux foules la Loi de MOÏSE, disant d'elle, dans *Le sermon sur la montagne* : « On n'allume pas une lampe pour la mettre dans un placard, mais pour la poser au centre de la pièce afin qu'elle brille pour tous. » (cf. MATT 5[15]). Depuis MOÏSE, le leitmotiv de la vie religieuse était complètement enraciné dans cette idée d'une mondialisation terrestre de *la parole de Dieu*; on pensait donc que la THORA était « à distance d'homme et pas trop difficile à mettre en œuvre » (cf. DEUT 30[11]); que son identité était **socio-politique** et que cela n'était un secret pour personne. Le *royaume de Dieu* était compris comme un royaume à-venir, mais : **sur terre**! La révélation messianique était attendue comme un événement politique de masse. On pensait que le messie devait venir pour être couronné de l'or des rois, pour établir un royaume qui fût de ce monde. Nul n'imaginait qu'il serait couronné d'épines en « s'obstinant » à parler d'un royaume qui n'est pas de ce monde, et qu'il affirmerait en outre qu'un royaume de paix sur terre est une chimère. Contre toute attente, il vint pourtant, non pas pour apporter la paix, mais l'épée de l'élection qui sépare l'homme de son père, la fille de sa mère, et qui transforme encore les proches d'un homme en ennemis personnels (cf. MATT 10[34-36]).

Très loin de cette pensée de l'élection qui pour le Christ était axiale, tous ne voulaient entendre Dieu parler que de concorde et de justice entre les hommes. Bien plus que parler d'ailleurs, on voulait l'entendre barrir et jaspiner. On s'attendait à ce qu'il unisse toutes les nations autour de ses commandements, à ce que toutes les terres du globe apprennent de ce grand semeur à **cultiver** un monde parfait et Un où les lois et les connaissances seraient considérées comme des dieux. Soit donc, pas question d'un Dieu qui s'exprime autrement qu'à « voix haute et sur la montagne ». N'avait-il pas clairement indiqué à de multiples reprises que ses lois devaient être enseignées à tous, partout et toujours, afin d'avoir un impact civilisationnel : « Tu les inculqueras à tes enfants, et tu en parleras quand tu seras dans ta maison, quand tu iras en voyage, quand tu te coucheras et quand tu te lèveras » (DEUT 6[7]). C'est pourquoi toute *parole de Dieu* vue dans cette perspective politico-morale est du pur prosélytisme ; elle est en ce cas parfaite pour être médiatisée et trouve naturellement sa place parmi les trois premiers terrains de la parabole du semeur. Elle n'échappe pas à la propagande de masse tant son essence est de se propager : « on n'allume pas une lampe pour la mettre dans un placard... » Néanmoins, pour le Christ, ce sont ces paroles-là et ces auditeurs-là qu'il s'efforcera continuellement de tenir à distance : « toute la foule se tenait sur le rivage » (2).

C'est du judaïsme que l'ÉVANGILE apprit l'art du prosélytisme. Puis lorsqu'il régna enfin politiquement, le christianisme devint un diable. L'épée de l'élection qui devait le séparer humblement **loin du pouvoir** se transforma en une épée baignée du sang des peuples. Il s'agissait d'établir le rêve de la mondialisation que l'esprit politique de l'homme avait en vérité conçu bien avant les courants religieux ; ces derniers n'ont été dans leur grande majorité que des courtisans et des portes-voix au service des Nations. L'Église n'a pas non plus échappé à leur séduction et elle n'y échappe toujours pas aujourd'hui. Elle se comporte en quelque sorte comme une prostituée ; tantôt de luxe, tantôt plus vile, selon la position qu'elle acquiert à l'intérieur de ces trois premiers terrains dont parle la parabole. Elle espère, avec ses amants politiques, en un roi-messie et en son royaume sur terre ; en ce que l'humanisme moderne appelle la paix mondiale. CLEMENCEAU avait raison : « La technique du vrai politicien, c'est de mettre aux choses anciennes une étiquette neuve. »

Quand soudain le Christ se lève à l'époque de la Rome antique, il fait pourtant tout le contraire. Il ne coud pas sa vision du messianisme avec l'antique idéologie qu'en avaient les politiques et les religions ; et il use même d'une attitude fort étrange : il cache ce qu'il a à dire tout en le disant. C'est-à-dire qu'il quitte les multitudes, leurs montagnes, leurs prédicateurs magistraux, puis il s'abaisse au milieu d'un cercle d'intimes et ne consent à se dévoiler qu'à ce reste d'une fraternité toute restreinte. Quant à la foule. Soit il lui prêche la Loi avec une extrême rigueur ; les religions qui revendiquent sa morale deviennent alors pour l'individu impossibles à mettre en pratique et finalement insupportables : « soyez parfaits comme Dieu » (MATT 5^{48}). Soit il lui parle en paraboles ; sachant que les communautés ne veulent jamais « rien entendre à ce qu'elles entendent » du Christ, car elles ont trop peur que les individus n'acquièrent « des oreilles pour entendre », s'échappent d'elles, et qu'ainsi se meure l'autorité de leur corps communautaire. Soit il la trompe directement par des signes et des miracles tant elle réclame des preuves pour se dérober à la foi, tant elle n'aime que celui qui pourvoit à son bien-être terrestre et lui promet la prospérité ici-bas – ici et maintenant.

À contre-courant de toute cette tradition mosaïque ; en opposition directe à cet esprit des religions et des sagesses du bien et du mal où se nourrissent depuis toujours les cultures du monde ; à mille lieues de leurs vérités claires, de leurs perfections morales et de leurs capacités physiques ou métaphysiques à transformer les pierres en pains – le Christ entend et dit *la parole de Dieu* tout différemment. Il ne donne plus à la vérité d'avoir des objectifs **immédiats** autrement que cachés ; car les buts du Nazaréen sont à tel point en devenir et toujours à-venir qu'ils ne peuvent être contenus dans la réalité présente ; ils échappent continuellement au réel en lui lançant sans crainte : « Ma réalité n'est pas de ce monde ! » C'est-à-dire que la spiritualité devient avec lui trop **existentielle** pour parvenir ici-bas à trouver son accomplissement. Elle est en vérité une passion d'exister tellement exigeante qu'elle se libère même des extrêmes. Elle est hors du visible et toujours tendue vers l'impossible. Le royaume des cieux n'est pas pour lui un royaume des cieux possible **sur terre**, mais réellement et pratiquement un royaume des cieux **aux cieux** : il est *post-mortem*. La foi n'est plus dès lors obsédée par une *parole de Dieu* qui doive absolument produire ici-bas des résultats immédiats ; quelles que soient les réussites et les gloires présentes, celles-ci seront toujours en-deçà du projet vers lequel tend le Christ. De ce fait, les victoires terrestres risquent continuellement de se transformer en drames et catastrophes puisqu'elles sont par essence de faux espoirs et de faux christs. C'est ainsi que la séparation s'embrase et produit du jugement.

Le Christ livre les multitudes à ce qu'elles comprennent traditionnellement par *parole de Dieu*: commandements moraux, évolution des connaissances, contrôle et organisation des individus dans un ordre civilisé, égalité des droits, élaboration et entente des Nations, etc. ; mais il les prive de *la parole de Dieu*, telle que lui l'entend. Il cache sa lumière sous le boisseau ; il leur parle en paraboles. Mais à ses disciples il dit ouvertement : « Contrairement à la foule, il vous est donné de connaître le mystère du royaume des cieux (11) » ; puis, l'instant d'après, il leur répète la parabole du semeur en l'introduisant de cette manière : « Lorsqu'un homme écoute **la parole du royaume.** » Le semeur vient de poser les bases de son action : la multitude continuera d'être nourrie de *la parole de Dieu*, mais quant au reste qui en sort et qu'il sépare, il devra abandonner *la parole de Dieu* ! C'est du royaume des cieux seul et de *la parole du royaume* qu'il sera désormais question pour eux. L'accomplissement de *la parole de Dieu*, c'est *la parole du royaume*, et c'est ce à quoi rend témoignage l'Ancien Testament : « La gloire de Dieu, c'est de s'entourer de mystère ; et la gloire des rois, c'est de scruter les choses à fond » (Pro 25²). Or, quelle est donc cette race de rois si ce n'est justement cette bonne terre élue pour connaître les mystères de Dieu ; elle dont il est dit qu'elle échappe au large chemin rocailleux et épineux ?

II · LE ROYAUME DES CIEUX

Soit donc, le semeur est sorti pour semer, et sa première action a été de **choisir ses terres à ensemencer**. À partir de la « grande foule qui s'était assemblée auprès du Christ (2) » pour écouter la parabole dans sa version brute, seuls « les disciples s'approchèrent (10) » ensuite pour entendre l'*explication*. Entre *la foule* du début et *les disciples* de la fin, un grand élagage vient d'avoir lieu. Or, ce processus de différenciation opéré par le Christ consiste en réalité à révéler chez les hommes leurs différents **comportements d'écoute**.

Quasiment toutes ses paraboles sont d'ailleurs axées sur cela. Elles dévoilent les différentes manières qu'ont les hommes d'entendre le Christ ; leurs conduites spécifiques face à *la parole du royaume* ; la façon dont chacun répond à ce mystère dans sa réalité. Les paraboles camouflent ces comportements d'écoute à l'intérieur de scènes du quotidien qu'il appartient à chaque auditeur de décrypter : une femme utilise du levain ; un homme fait pousser un arbre gigantesque ; des ouvriers travaillent pour un maître ; des hommes accueillent ou rejettent un roi ; des vierges se préparent à leurs noces ; un marchand cherche des perles, etc. Chaque cas entend *la parole du royaume* à sa façon et y répond donc dans son quotidien tout à fait différemment ; exactement comme dans la parabole du semeur. Comme si chaque parabole était un déroulé supplémentaire de cette dernière : d'autres terres où se rend le semeur pour semer. Il est vrai que certaines paraboles, telles que *le roi* ou *le maître*, nous parlent aussi du comportement de Dieu en réponse à celui des hommes ; toutefois, et voici le tranchant des paraboles : pour ce qui est du royaume des cieux, de sa nature et de sa réalité – **il n'en est jamais question !** De rares paraboles, telles que celle de *l'ivraie*, nous parlent certes de l'au-delà en faisant référence aux anges, mais là non plus il n'est pas question de la réalité même du monde-à-venir, seulement du jugement qui le précède.

On se demande alors « pourquoi » ce continuel slogan répété par le Christ à l'ouverture des ses paraboles : « **Le royaume des cieux est semblable** » ; car aucune ne nous parle du royaume des cieux, mais seulement de la façon dont les hommes réagissent ici-bas lorsqu'on évoque devant eux son mystère, lorsqu'on leur annonce la parole du royaume : la résurrection.

À cette énigme, le Christ répond par une autre énigme : « Parce que les mystères du royaume des cieux sont donnés à certains et refusés aux autres. (11) » C'est-à-dire qu'en dissociant d'abord les uns des autres, la parabole permet en vérité de rejeter ceux « qui n'ont pas d'oreilles pour entendre ». Il s'ensuit qu'elle sert en première instance à **fermer le royaume des cieux** ; elle le cache aux « grandes foules qui se rassemblent autour du messie (2a) », à ces cohues collectives pour lesquelles le Christ n'est qu'un prédicateur de masse et au-devant de qui elles sont obligées de se tenir à distance. Ce n'est qu'en seconde instance que l'ouverture des mystères se fera ; mais il fallait d'abord « écarter la foule sur le rivage (2b) », l'éloigner du trésor pour ensuite susciter un huis clos avec un petit groupe, avec un reste qui a eu l'audace d'abandonner les grandes vérités définitives dont se nourrissent les multitudes. C'est à ce seul reste que le Christ ouvre le mystère du monde-à-venir tout en le fermant aux foules. Toutes les paraboles ont ainsi pour but d'évoquer les multiples variantes de ces deux types d'attitude humaine en les incarnant dans des personnages de la réalité, mais aucune n'explique ce que découvre ensuite le protagoniste lorsqu'il accède aux réalités à-venir. La parabole ne met l'accent que sur le comportement d'écoute. C'est-à-dire qu'elle veut nous aider à nous **identifier** à tel personnage ou à tel autre au cours du récit, de sorte que nous sachions, ici et maintenant, si la porte du royaume des cieux nous est déjà ouverte, encore fermée, ou si son ouverture n'est que cette illusion venue des religieux et autres culs-bénits. Concernant ce qu'il y a derrière cette porte de la résurrection, **le Christ n'en parle jamais** dans ses allégories !

Que celui qui ouvre le rouleau des paraboles sache qu'il ne découvrira jamais d'autres vérités que les innombrables postures et idéologies humaines répondant au divin ; et non pas quatre terrains, mais autant qu'il y a d'hommes. Il découvrira de véritables *terres-d'hommes* qu'on peut toutefois regrouper en deux catégories principales : la terre stérile dont les fruits sont artificiels et empoisonnés ; et la terre fertile. Quiconque ouvre le rouleau des allégories de Dieu ne peut connaître « à quoi ressemble le royaume des cieux » parce qu'il le veut ou parce qu'il court (cf. ROM 9^{16}) ; à force d'études, de bonnes œuvres, de liturgies ou de formules incantatoires ; mais **seulement** si le semeur décide de le toucher pour faire de lui une *terre-d'homme* fertile.

L'argile dont nous sommes faits est un cloaque mondain rempli de méchantes pierres et de vicieuses épines. Nous pouvons y bâtir de majestueuses ekklèsias soutenues par une théologie lumineuse, mais jamais un arbre fruitier ne saurait y pousser si le semeur ne vient briser notre terre, la fendre et la transpercer jusqu'aux bas-fonds de sa sainte raison. Voici donc le commencement de la révélation : l'homme dont la terre est ainsi rendue fertile voit dès lors que le royaume des cieux est **en lui** ! Il devient lui-même *terre du monde-à-venir* ; il est le royaume des cieux. C'est ainsi qu'il ne cherche plus dans le texte une *explication*, il n'ouvre plus le rouleau en le considérant comme sacré et porteur d'une révélation tombée du ciel ; la révélation est à présent en son sein, et il en est la nature en devenir : « Vous êtes une lettre de Christ écrite avec l'Esprit du Dieu vivant sur les tables de vos cœurs » (cf. 2 COR 33). Or, c'est précisément l'inspiration du texte qui l'a conduit à porter dans son être même la révélation ; et c'est encore de celui-ci qu'il apprend, lui aussi, à la cacher aux uns et à ne la dévoiler qu'aux autres.

Ce que nous appelons *l'explication* de la parabole du semeur n'est donc pas l'ouverture de la révélation, mais seulement sa mise à disposition. Elle n'est que **la marque de départ** de la révélation suite à la séparation qui vient d'avoir lieu. En effet, le Christ présente d'abord aux siens qu'il a séparés le projet dans lequel il va les faire entrer : « Il vous a été donné de connaître les mystères du royaume des cieux » ; puis sa redite de la parabole leur affirme que c'est précisément cette dispersion qu'il vient à l'instant de déclencher qui contient les mystères. C'est-à-dire que sa seconde narration fait de l'élection le contenant de la révélation : « **Vous, qui êtes élus, vous êtes la révélation en attente ; vous êtes la bonne terre** » leur dit-il ! Par conséquent, l'explication n'en est pas une au sens où l'entend la raison ; elle ne fait rien connaître du royaume des cieux à proprement parler, mais elle prétend que le mystère du monde-à-venir tient au fait qu'il est en vérité une *terre-d'homme*. Chaque-un est en quelque sorte placé sur sa propre ligne de départ, exhorté à exister, à se révéler ; élu pour notamment révéler que le messie qui l'engendre ne vient jamais du dehors et par preuves, mais de l'intérieur, et en échappant précisément aux évidences. Dès l'instant où le Christ se fait entendre à l'homme particulier hors de la foule, il assimile ce dernier, dans son être personnel, au quatrième terrain. Il lui déclare ainsi son élection : « La révélation sera en toi ; elle sera toi ou ne sera pas ! »

Le semeur a choisi les *terres-d'hommes* à ensemencer : c'est **l'événement déclencheur**. Mais la révélation est **le processus** qui suivra ; ce sont les fruits qui en émergeront secrètement, saison après saison. La révélation, c'est-à-dire la réalité-à-venir, c'est finalement le devenir d'un homme que le Christ va petit à petit faire mûrir dans l'intimité de ses rencontres avec lui. Il fera alors de cet homme, un fils de l'homme qui portera, en lui-même, le royaume des cieux qui vient. Un homme qui sera lui-même cette nouvelle réalité. Mais une réalité dont il est dit qu'*elle vient* et qu'elle est toujours *à-venir* parce qu'elle est cachée aux yeux du réel : seule la résurrection la manifestera.

Qu'est-ce qui est sacré pour le Christ ? C'est ce nouvel homme. Non pas un livre, l'église ou le dogme, mais les fils de l'homme. Est sacré chaque-un de celui et de celle qui peut dire : « je viens », c'est-à-dire : « je vais dans ma résurrection. » Le Christ est de ce fait **la révélation par excellence**, celle sans laquelle aucune ne peut sourdre ; car c'est à partir de sa terre, de sa chair et de son sang que toutes les autres *terres-d'hommes* sont engendrées.

Ainsi donc, le royaume des cieux dont il ne cesse de parler est en vérité des hommes particuliers ; des hommes en devenir d'être fils de l'homme. La poétesse Marina Tsvetaïeva l'avait du reste fort bien compris : « Aimez donc le *monde* – en moi, et non *moi* dans le monde. » Et plus loin : « J'ai fait de mon âme ma maison. [...] Mais une âme dans une maison – une âme-à-la-maison, pour moi, c'est l'inconcevable. » À quoi donc est semblable le royaume des cieux, et à quoi le comparer ? À ce que tu seras dans ta résurrection si le Christ est caché en toi. Tu seras ton propre royaume, ta propre maison. Est-il donc question ici d'un roi et de ses sujets au sein d'un système politique ; d'une sainte congrégation acclamant un dieu qui serait un super-pape ? Nullement. Le royaume des cieux est la chute des autorités, la fin des foules et le couronnement de l'Être : « Celui qui vaincra, je lui donnerai de s'asseoir avec moi sur mon trône... » (Apo 3^{21}). Et c'est délicieux.

*

Il faut le répéter et encore le dire autrement : la redite de la parabole du semeur que le Christ fait entendre à ses disciples à huis clos n'est pas encore la révélation, mais le coup de feu d'une révélation à-venir ; elle n'est que le signe du commencement. C'est pourquoi parler ici d'une *explication* en faisant entendre qu'elle est la *révélation*, c'est le symptôme d'une grave maladie spirituelle. La maladie de celui qui ne désire vivre que dans sa propre gestation ; **dans l'événement** embryonnaire, dans l'œuf ou la graine ; dans l'appel plutôt que dans l'élection ; dans le nid du commencement plutôt que dans le devenir qui le pousse à naître et à se transformer en homme mûr. Une position ecclésiastique en fait. En effet, l'Église ressemble davantage à un gros producteur d'œufs ou de graines, et ses ministères à des couveuses dont toute l'astuce consiste à ne jamais casser d'œufs et à stopper la germination des graines ; à faire en sorte que jamais l'individu n'existe autrement que comme un esthète moral, et à leur ressemblance. C'est ainsi que l'ekklèsia fabrique tant d'avortons enflés d'éthique et boudinés de certitudes ; elle fabrique des petits diables.

En vérité, l'*explication* de la parabole du semeur ressemble aux douleurs de l'enfantement, tandis que la révélation est l'acte par lequel le cordon ombilical est rompu pour conduire l'individu dans sa liberté. Cette seconde narration que nous offre le Christ amplifie ainsi le mystère ; elle le rend plus profond, elle lui donne une perspective vertigineuse. L'homme de la bonne terre **comprend** qu'une vie entière à cultiver sa passion pour Dieu ne pourra qu'effleurer de loin le mystère de la résurrection ; il comprend qu'il est question ici de sa propre résurrection ; il comprend qu'il s'agit de se préparer à sa propre mort plutôt que de servir les dieux de la prospérité, du confort ou de la réussite sociale. Tout au contraire en est-il des trois autres terres. Pour leurs auditeurs, la vérité est un sac de graines à vendre sur le chemin du réalisme. Pour certains d'entre eux, la vérité est même une graine magique ; ils pensent qu'elle peut éclore *presto* et *subito* sur les abords graveleux du chemin et produire ainsi un bénéfice immédiat. Quant aux plus intellectuels, ils cherchent les buissons épineux jalonnant le chemin tant ils sont certains qu'on cueille les fruits de la vérité au milieu des épines : « ils vendangent les raisins sur des ronces », dit ailleurs le Christ (cf. Luc 6[44]). Ils sont convaincus qu'il faut obéir aux dieux et porter leurs épineux commandements pour mériter du ciel les bénédictions terrestres. Ainsi répètent-ils tous avec l'Ancien Testament : « Ce que Dieu nous demande n'est pas au-dessus de nos forces et hors de notre portée. » (Deut 30[11]). Il leur est invraisemblable de devoir labourer, retourner et défricher leurs propres terres pour les mettre en culture. Consacrer à la vérité leurs richesses personnelles ne leur sied pas tant ils croient leurs procédés bien plus élaborés : « Cela ne vaut qu'à ces âmes de paysans encore trop ignorantes » pensent-ils. Or, qu'est-ce qu'un semeur sinon précisément un paysan ?

III · COMPRENDRE

Nous discernons désormais plus clairement pourquoi le Christ *explique* la parabole du semeur en opposant : « celui **qui ne comprend pas** » (19) à : « celui **qui comprend** » (23). Est-il donc question ici d'une différence de comportement moral ? Absolument pas ! Mais d'une différence de comportement intellectuel. Quand le semeur sort pour déposer sa parole dans la bonne terre, il sort pour tuer en l'homme un certain schéma de pensée ; tandis qu'un maître qui prétend venir « établir de nouvelles valeurs morales » se doit en vérité de conserver l'antique mode de penser du bien et du mal. Il ne travaille qu'à l'affiner. Il n'œuvre qu'à **faire évoluer** une même intelligence de la justice, à partir de son origine archaïque et brute, jusque vers son sommet civilisé plus apte aux consensus. En revanche, quand le semeur soudain intervient, la relation entre Dieu et l'homme se trouve totalement bouleversée ; elle ne sera plus dès lors fondée sur la justice éculée de la conscience humaine du bien et du mal. Le Christ n'abandonna pas seulement le monde pour le monde-à-venir, mais il prophétisa aussi l'abolition de la justice du monde, celle par laquelle Moïse transforma un peuple d'esclaves en un peuple d'élite, la justice du vieil arbre des connaissances au pied duquel tant de prophètes, de philosophes et de politiciens annoncèrent la paix sur terre. Le Christ annonça la justice du monde-à-venir en l'incarnant personnellement dans sa chair. La première justice permit à l'homme de dépasser l'animal en faisant de lui un animal-intelligent, la seconde lui donne d'aller encore au-delà en faisant de lui un fils de l'homme. Ainsi répéta-t-il comme un leitmotiv : « Cherchez d'abord le royaume des cieux et sa justice » (MATT 6^{33}).

Dans l'alliance avec le divin qui dépendait jusqu'alors essentiellement de notre conscience morale et de notre réalisme intellectuel, le Nazaréen renvoie soudain la Loi, les savoirs et les commandements religieux à un plan inférieur et secondaire. Ce qui est pour lui central et décisif, c'est **l'intelligence de la foi** dont la justice est la suivante : est le bien, non ce qui est bien, mais ce que Dieu aime. Si Dieu t'aime, aussi mauvais serais-tu, tu deviendras un jardin de délices, un autre homme. Le sacrifice de son sang et sa résurrection n'affirment rien d'autre que cette volonté irréaliste de Dieu : rendre libre la conscience face aux réquisitoires de la Loi, et assurer que l'être en sera bientôt le maître par sa seule volonté. L'intelligence de la foi, c'est d'une part démontrer l'illusion des travaux de la raison quand elle prétend modifier l'être au point de faire de lui un homme nouveau. Et d'autre part, c'est soutenir que croire en la folie de Dieu, qui transforme tout ce qu'il aime, suffit pour comprendre le mystère de son sacrifice et par lui devenir un fils de l'homme. Chose insensée donc ; le Christ veut que l'homme comprenne Dieu de l'intérieur, de même que les amants se connaissent par amour et non plus par contrat moral. Il veut faire entrer l'homme dans le saint des saints de Dieu, ce lieu que la tradition juive appelle quelque part la *chambre des lits* : car « le malheur n'est pas l'impossibilité pour les amants de s'unir, mais l'impossibilité pour eux de se comprendre[1]. »

La relation avec Dieu n'est plus d'ordre légal et le fait d'une alliance éthique, comme si le mystère divin acceptait d'être livré dans les lettres d'une Loi et mis à disposition de tous. Mais la relation avec Dieu devient celle de l'intimi-

---

1 KIERKEGAARD, *Miettes philosophiques*, ch. II : Le dieu comme maître et sauveur.

té, précisément là où le propre du secret est de n'être jamais dénudé, jamais écrit, jamais livré au livre et à l'impudeur du public. Aussi n'y a-t-il qu'**une seule manière** de connaître le mystère, c'est de rechercher l'intelligence de la foi, « cette seconde dimension de la pensée » disait CHESTOV, là où *foi* et *croyance* ne s'enchevêtrent plus dans une ambiguïté perverse. C'est-à-dire d'entrer soi-même dans le lit de Dieu : s'abandonner à lui et lui abandonner toute notre terre. Le laisser transpercer notre justice, notre intelligence et nos certitudes ; accepter qu'à ses yeux notre lecture de l'Écriture soit peut-être notre malédiction. Sa parole n'est pas un livre, pas plus qu'elle ne s'incarne dans une expérience réaliste, aussi miraculeuse et glorieuse nous apparaît-elle. Elle est telle un poème personnel donné de la main à la main, murmuré, scandaleux pour le visible tant il montre tout autre chose que ce que la réalité prétend être ; un poème caché derrière la parabole, rédigé jour après jour pour celui qui ose enfin penser seul avec Dieu et combattre avec son aide le procureur des évidences. C'est très exactement ce que le Christ évoque lorsqu'il parle de : « celui qui a l'intelligence de comprendre ».

Assurément, cette compréhension **intimiste** de Dieu est sacrilège pour l'antique logique du bien et du mal. KIERKEGAARD exprime d'ailleurs cet outrage de façon remarquable : « Cette compréhension, quel état d'épouvante ! car il est moins redoutable de tomber sur le visage, alors que les montagnes tremblent à la voix du dieu, que d'être assis près de lui comme près d'un égal ; et pourtant c'est justement le désir du dieu que cette égalité familière.[2] » C'est pour le coup cet « état d'épouvante » qui correspond au **premier**

---

2 KIERKEGAARD, *ibid.*

homme de la parabole dont le Christ dit qu'*il n'a pas l'intelligence de comprendre*. Attitude autant empreinte de et sous-tendue par le légalisme que par l'athéisme. La vérité doit être ici supérieure à l'homme sans jamais devenir son égale, et il est impératif qu'elle tienne toujours cette position de hauteur! Elle doit extasier celui qui la craint et terrifier celui qui s'en moque. Supposer qu'elle ne soit plus cette éminence ailée mais qu'elle vienne se présenter, *en homme* à l'homme, et lui découvrir son visage – c'est pour le savant et le juste une terrible offense. La vérité doit être conquise comme on conquiert un haut sommet: à grands renforts de hautes études, de hautes morales et d'héroïsme livresque. Elle doit être sinaïtique et olympienne; l'ange pur de la raison avec ses gloires et ses fascinations. Il faut la mériter, et il faut accepter de sacrifier à la logique, à la justice et à la connaissance tous ses rêves d'enfant pour parvenir un jour à régner sur la réalité tel un **apôtre de la raison**. Et allez donc! Ces hommes-là y parviennent fichtrement. Le monde leur appartient... ce monde si sérieux.

Concernant les **deux terrains** suivants, les hommes qui les incarnent sont plus mesurés dans leur incompréhension. Ils semblent plus nuancés et en quelque sorte plus proches de comprendre le divin. Ce qui les rend plus vicieux. En effet, ceux-là discernent combien l'intelligence de la foi regorge de possibilités. Ils essaient dès lors de la rendre logique, de la légaliser d'une certaine façon, de la contrôler et de l'amalgamer avec les lois de la réalité. Leurs buts sont rigoureusement similaires à celui visé par leurs congénères du premier terrain, à la différence qu'ils n'ont pas de scrupules à s'associer avec la croyance, avec une certaine forme d'intelligence qui échappe à la rationalité. Ils reconnaissent donc à la foi une certaine valeur, et ils pensent même que cet ingrédient supplémentaire fera toute la différence pour trouver ici-bas le bonheur, la prospérité et la gloire qu'eux aussi pourchassent. Mais si toutefois ils n'ont pas de complexes à se servir de cette puissance, ils savent fort bien qu'il faut la tenailler avec un frein de fer **tant sa liberté est brûlante**. Or, la tenaille est toute trouvée, et ce sont leurs frères régnant sur la réalité, ceux qu'on trouve partout le long du chemin, qui vont littéralement leur enseigner cette autorité, à savoir : la connaissance du bien et du mal.

Ainsi s'aventurent-ils dans un premier temps sur le **second terrain** rocailleux ; puis très vite réalisent qu'ils maîtrisent mal la puissance de la foi dont ils se sont saisis un peu trop naïvement. Ils manquent de discipline, d'érudition et de morale pour la tenir en laisse. Manifestement, ils méprisent trop les maîtres de la raison et leurs enseignements. Ils sont trop animés d'un esprit révolutionnaire ; parfois excessifs dans leur virilité, et à d'autres moments trop fleur bleue et incontinents dans leur féminité. À l'instar de JOB, ils abordent la liberté et l'amour divin en babillards, sans réaliser qu'« ils parlent, sans les comprendre, de merveilles qui les dépassent et qu'ils ne conçoivent pas. » (42^3). Ils s'emballent et croient la chose très facile. Et lorsque la liberté de la foi les brûle, s'étant jetés dans ses bras divins sans trop y réfléchir ; lorsque Dieu leur demande précisément de rendre à la liberté son caractère *illimité*, qu'ils ont oublié – de rendre sa liberté à la liberté ! ; lorsqu'il s'agit de **désobéir** à leur idée de justice, et de renoncer ainsi à l'harmonie terrestre pour laquelle précisément ils s'étaient saisis de la semence :

c'en est trop ! L'amour de Dieu est effrayant ! Ils préfèrent **reculer d'un pas**. Ainsi retournent-ils au milieu du chemin. Ils renient ce qui n'était qu'une pseudo-foi puis se convertissent aux maîtres de la raison chez qui la promesse de bonheur est plus solide. Elle convient mieux à leur soif d'immédiateté. En outre, ceux qui s'obstinent seront sacrifiés. La réalité ne peut supporter qu'un temps leur insouciance et leur effronterie : « Qu'ils reculent ou avancent d'un pas, peu importe, mais qu'ils mettent de l'eau dans leur vin », leur dira-t-elle.

Avancer d'un pas, c'est précisément ce que d'autres font. Ils élaborent une construction sérieuse et équilibrée de leur spiritualité sur **la troisième terre** des épineux. C'est ici que se trouvent les réussites religieuses ; celles qui parviennent à durer et à s'imposer comme politiquement correctes. Avec de nombreuses autres bergeries de l'Histoire, on retrouve ici l'Église sacralisée. Ce christianisme conquérant a su dépasser le légalisme de la lettre et l'enthousiasme mystique de ses premiers élans – les deux terrains précédents. Il a intelligemment **uni ces deux données contradictoires** dans un savant mélange. Ainsi fait-il de la tiédeur une vertu. En effet, les fruits tant désirés de la semence sont enfin accessibles ; et ils sont gracieusement offerts sur la végétation arborescente qui balise le chemin du réalisme. Il suffit de croire à la vie, à ce qu'elle offre d'opportunités et de miracles : *Dieu nous aime ; Dieu est avec nous !* Mais il faut toutefois que cette végétation soit épineuse, défensive et même va-t-en-guerre. En effet, il est interdit de quitter l'enceinte de cette haie protectrice. À l'extérieur de cette clôture, diront les ministres du Culte, *se trouvent des terres diaboliques où le malin se sai-*

sit des hommes et de leur spiritualité; des lieux où Dieu jette dans la fournaise de l'épreuve les apostats et les devins. Aussi faut-il que les lois et les commandements divins, tels une armée d'épines, gardent le chemin des justes et empêchent ceux qui le suivent d'en sortir. Ainsi y a-t-il un prix à payer. **La foi seule ne suffit pas.** On en appelle donc de nouveau aux grands frères de la première terre : « Si tu veux tout te soumettre, soumets-toi à la raison. » (SÉNÈQUE). Impossible de s'abstenir du logos grec et ce serait commettre une faute grave que de ne pas s'agenouiller devant son règne. À coup sûr, la promesse d'un royaume de bonheur et de prospérité est accessible par une intelligence de la foi, mais à la condition de bien tenailler cette dernière entre les épines de la divine raison : à condition de couronner d'épines la vérité !

Ces trois premières terres du réalisme n'en sont finalement qu'une seule : notre monde. Et leurs variantes écologiques dont témoigne la parabole du semeur sont multiples quand on sait observer les histoires humaines et l'Histoire en général. Là y vivent différents partis dont l'opposition n'est qu'une illusion, quand bien même elle peut être sanglante. Les uns ne croient pas en une vie après la mort et les autres y croient, mais tous siègent à la même assemblée et partagent le même projet politique : bâtir un royaume doré sur terre. Quelle naïveté de leur part de croire que le semeur abdiquera face à leur projet ! Il n'abdiquera pas. Mais il donnera le fruit à ceux-là seuls qui comprennent que la vérité du Christ est une vérité **exclusivement existentielle** ; elle ne porte de fruit que sur la terre mystérieuse de l'intériorité d'un homme : dans le véritable temple de Dieu. Son fruit est de ce fait caché.

C'est cet incognito qu'évoque ailleurs le Nazaréen lorsqu'il dit : « les derniers seront les premiers, et les premiers seront les derniers ; et les prostituées devanceront les ecclésiastiques dans la résurrection » (cf. Matt 20^{16} ; 21^{31}). L'homme qui porte en lui un tel fruit n'attend donc plus que surgisse ici-bas le royaume des cieux, ni même ne travaille à l'ériger dans le monde présent – mais il est déjà en train de s'y rendre ! Il n'a nul besoin d'un chemin avec ses bornes de pierre et ses barbelés végétaux pour s'orienter dans ses pérégrinations ; il est déraciné. La terre où il se trouve désormais est une terre sans chemin. Le chemin, il est en lui.

☙

Ainsi est la parabole : elle est sœur du poème. Et l'une et l'autre sont en vérité le langage inné de Dieu. Avec cette langue, l'enseignement divin n'est plus désormais un problème d'**autorité**, mais de **compréhension**. Or, se comprendre, c'est **se connaître** ; se comprendre est le pendant de la communion et c'est le visage de l'amour. *A contrario*, toutes nos lois, toutes nos vérités, toutes nos expériences et toutes leurs preuves, aussi prodigieuses soient-elles, n'ont pas réellement besoin d'être comprises comme si elles étaient un Être, car elles exigent de notre part d'être **craintes** : « Tout le peuple entendait les tonnerres et le son de la trompette ; il voyait les flammes de la montagne fumante. À ce spectacle, le peuple tremblait, et se tenait dans l'éloignement. » (Ex 20^{18}). Ce qu'on demande à un homme au pied des monts Sinaï des lois et des miracles, c'est **une compréhension de crainte**. Quand l'Ancien Testament dit *comprendre*, il sous-entend *craindre* ; c'est pourquoi « la crainte de Dieu est pour lui le commencement de la sagesse » (cf. Ps 111).

Et qu'est-ce que la fin de la sagesse ? C'est de ne plus craindre Dieu, mais de le comprendre. Or, Dieu ne parle pas une langue universelle qu'on exigerait à tous d'ingurgiter dès l'enfance puis de parler : droit international, morale publique, technologie planétaire, théologie œcuménique, dogme inter-dénominationnel... Mais il parle le langage mystérieux de la parabole, c'est-à-dire qu'il parle **en particulier** à chaque-un de ceux qui comprennent la langue de la parabole. Cependant, comprend ce langage, non pas celui qui l'apprend, car il n'a pas de règles, mais celui qui aime Dieu. On ne comprend Dieu qu'à la mesure de l'amour qu'on lui porte. Pareillement, dans le royaume des cieux, chacun parlera sa propre langue ; et cependant chacun comprendra la langue de l'autre ; non parce qu'il l'aura apprise, car elle non plus n'aura pas de règles, mais parce que la résurrection rendra enfin l'homme capable d'aimer son prochain.

IV · « VOUS DONC, ÉCOUTEZ CE QUE SIGNIFIE LA PARABOLE DU SEMEUR » (18)

Les quatre types de terrain évoqués par la parabole sont encore ceux que va traverser **un seul homme** durant ses pérégrinations avec Dieu. Le récit est en quelque sorte celui d'une vie à la recherche du Christ ; il nous parle de la persévérance spirituelle qui, ici-bas, déracine l'homme de sa terre de misère pour l'enraciner dans celle de sa résurrection. Le but du semeur est d'arracher l'homme-*adam* de son essence, littéralement de sa terre, *adamah* (הםדא), puis de le tourner et retourner vers une tout autre dimension de l'être ; l'enraciner dans sa nouvelle nature, sa nouvelle terre : le royaume des cieux.

PREMIER TERRAIN

Au commencement, cet homme, confortablement installé dans la vie et rempli de certitudes, ne s'intéresse pas au divin et ne croit pas à l'au-delà. Il marche le long du chemin humain de façon parfaitement traditionnelle ; il est arqué sur ses facultés intellectuelles et absolument pragmatique. Il a bien sûr une certaine connaissance de l'ÉVANGILE puisque cette semence a été largement répandue dans les civilisations, mais il ne s'en préoccupe pas autrement que de façon rationnelle, tel un fait parmi d'autres que les historiens examinent sans y croire. L'idée même de Dieu, ou plutôt celle de la vérité dernière, consiste pour lui à obéir à la raison et à en tirer le meilleur pour s'offrir une vie heureuse et prospère. Et si néanmoins il manifeste une certaine croyance en Dieu, celle-ci est très **légaliste** ; il est arc-bouté sur la Loi, sur les commandements, et sur une définition quasiment scientiste du divin. Ce sont les oiseaux (4) qui assurément représentent cette dimension conquérante et supérieure de l'intelligence en l'homme ; ils symbolisent la justice administratrice des masses humaines en tant que vérités du bien et du mal. Il faut se rappeler à ce propos que la THORA a été donnée par des anges (ACT 7^{38} ; GAL 3^{19} ; HÉB 2^{2}) ; c'est pourquoi les êtres ailés de la parabole évoquent comment la vérité est d'abord assimilée en tant que prise de conscience universelle de la raison et de ses devoirs moraux ; non pas encore dans la rencontre avec l'Être-divin qui veut faire grâce de ce joug à l'individu particulier afin qu'il le dépasse.

SECOND TERRAIN

Sur le chemin de sa vie, notre homme va soudain connaître un certain éveil spirituel et sa position de bien-pensant va alors lui apparaître vaniteuse. Aussi va-t-il en quelque sorte **se révolter** contre elle et s'investir dans une expérience spirituelle qu'il confond par crédulité avec la révélation. Il conserve toutefois à cette dernière le même caractère pragmatique qu'avait son précédent mode vie. En effet, pas question pour lui que son existence d'avant soit amputée en termes de qualité. Bien au contraire, il s'agit justement de la rendre plus florissante grâce à l'apport de cette nouvelle semence qu'il cultive désormais avec zèle et enthousiasme. Voici donc que cet homme n'est plus tout à fait sur le chemin équilibré du conformisme où il se tenait jusqu'alors ; il est déjà quelque peu en marge de la route, marchant là où le sol est nettement moins aplani et mal conçu pour se déplacer. Il se trouve sur les bas-côtés rocailleux et pierreux, car il essaie de forcer le divin à l'action par des **méthodes théurgiques** antiques plus ou moins déraisonnables et immorales. Il a hâte de faire germer les graines ; il veut les voir aussitôt produire des fruits et pour cela n'hésite pas à nier l'intelligence des temps et des saisons. Les oiseaux sont dès lors privés de nourriture, d'où leur absence dans le texte. C'est-à-dire que la démarche spirituelle de cet homme ne tient pas compte de la raison et des lois de la Nature dont les oiseaux sont la métaphore. Son approche du divin est de l'ordre d'un réflexe instinctif, voire d'un sentiment spontané, et ressortit en vérité plus ou moins de la catégorie de la magie. Il veut extraire directement de la Nature ses forces brutes comme un droit qu'il aurait sur elle, mais il refuse de prendre le temps d'entendre ce qu'elle veut lui dire quant au statut réel de l'homme en son sein.

Il est en somme un barbare dans le monde spirituel. Il se considère dans un état d'impunité vis-à-vis de la réalité comme s'il vivait en elle sans en dépendre. Il est dans le déni quant à sa propre nature humaine. Aussi cherche-t-il à tromper et à se jouer des lois du créé, comme si lui-même n'était pas une créature de son espace mais un être d'une autre essence. Or, qu'est-ce que la Loi de la réalité sinon ce que l'Écriture appelle l'*armée des cieux – les anges*? Et de quelle nature est fait celui qui ne l'écoute pas, refusant que sa conscience soit criblée par les jugements de cette gouvernance? Peut-être est-il un enfant, ou encore un fou, mais s'il n'est ni l'un ni l'autre, il est en ce cas un barbare; soit donc un criminel. Et son crime est de s'ingénier à **imiter la foi** en supposant que celle-ci convertit l'individu en un *puissant idiot* et qu'elle satisfait à tous les caprices de son ego.

La foi de Dieu n'a pas pour ennemi les lois de la raison; et bien qu'elle ait pour mission de leur ôter un jour leur statut de maître, elle n'use de cette grâce que pour celui qui n'est déjà plus un homme, qui n'est plus un ego et n'est plus sous son influence magnétique, mais qui est un fils de l'homme! Il s'ensuit que l'absence de l'intelligence, et quasiment son reniement, est ici la préfiguration d'un jugement, et précisément d'un jugement qui viendra des forces même de l'armée des lois: ignorer la loi de la pesanteur c'est rencontrer la loi de l'écrasement. Ce jugement est incarné dans le texte par la brûlure soudaine du soleil; or, il est angélique parce qu'il marque le désaveu divin: **la foi n'était pas ici la foi de Dieu**. Enfin, il est important de noter que le bourreau est venu exécuter cette sentence de l'extérieur. Toujours est-il que le résultat est sans appel, impitoyable, un échec amer : la récolte espérée avec tant d'insouciance ne viendra jamais ; la semence a pourri sur pied.

TROISIÈME TERRAIN

Devant une telle déception, notre homme en vient à **se réformer** : il commence à craindre Dieu. Il prend conscience que l'intelligence du bien et du mal est en vérité plus puissante pour transformer le réel que la violence qu'on fait au ciel ; c'est pourquoi il va s'investir dans une véritable démarche religieuse. C'est-à-dire qu'il refrène cette fois son zèle et soumet sa semence à l'étude, la raison, la discipline éthique et à une scrupuleuse stratégie de conquête du bonheur. Hélas, l'investissement est radicalement différent ; la légèreté et la spontanéité du miraculeux font place au pesant fardeau d'une justice morale omniprésente et à de multiples règles dans le quotidien de cet homme. Ainsi sa marche lui devient-elle très coûteuse en termes de temps, de consécration matérielle, et d'investissement psychologique. Les années passent tandis que cet étouffoir se resserre continuellement ; sa vie suffoque dangereusement en de nombreux domaines : financier, sentimental, physique, intellectuel... Et tandis que la récolte d'un bien-être doré qu'il visait ne vient pas, la pression distille en lui de l'inquiétude, des doutes et de continuelles frustrations. Il est finalement convaincu d'abandonner : sa spiritualité a de nouveau avorté et la semence divine n'a pas produit le fruit terrestre promis. Que le constat est cruel : l'écueil sur lequel il vient désormais d'échouer est sa propre impuissance, son ignorance, sa peur et les privations de sa chair. **Il s'est brisé sur lui-même.**

Le bourreau qui l'a frappé est donc cette fois intérieur : les soucis et les appétits charnels venus de son intériorité même (22). Nous retrouvons d'ailleurs chez JOB le même processus ; son épreuve va crescendo, de l'extérieur vers l'intérieur : des brigands pillent ses biens, puis sa famille est touchée et enfin lui-même est personnellement atteint par la maladie. C'est-à-dire que plus l'homme intériorise Dieu, et plus il est atteint dans son intimité. Et c'est précisément ce qui se passe durant cette pérégrination. Dieu était auparavant essentiellement perçu comme une puissance extérieure, il était donné *directement* à l'individu pour le combler dans un présent immédiat égocentrique. La spiritualité était donc le désir de mettre en mouvement cette puissance métaphysique par divers procédés. Mais ces processus n'exigeaient alors de notre homme qu'un investissement superficiel : liturgies, incantations, dotations ecclésiastiques, gestes de charité, récitations de credo et de formules diverses, etc. On laissait en paix ce qui chez lui était fondamental et profond ; ce qui était en lien avec le réel de façon indirecte : **sa conscience**. On osait à peine l'effleurer au risque de l'effrayer.

Puis soudain, sur cette troisième partie du terrain, Dieu brise cette digue ; il investit par la Loi le lieu saint de l'homme ! Une prise de conscience fulgurante frappe l'homme ; un cri et **une crainte intérieure** faisant état de l'impuissance et de l'égoïsme intrinsèque à la nature humaine : il est coupable de ne pas être à l'image de Dieu. Le divin est dès lors perçu *indirectement* et de façon voilée. Il n'a plus d'images extérieures pour le représenter ; il est dorénavant un signe clamant de l'intérieur à l'homme le refus du Très-Haut. En vérité, Dieu devient une impasse et un piège. Il devient un « non », une absence ; un miroir sur lequel l'homme découvre l'impuissance indissociable de son être et l'abîme infranchissable qui le sépare de Dieu. Suite à la méthode joyeuse du mysticisme, la méthode scrupuleuse de l'éthico-religieux pousse donc l'individu à son extrême limite, au-delà de laquelle il ne peut aller. Impossible pour notre homme d'avoir recours à elle pour changer sa propre nature et pour effacer le procès verbal de ses actes. Il ne sera jamais que l'image imparfaite de Dieu, n'ayant de la nature divine que l'apparence trompeuse. De recours, il n'en a plus ; il est au bout de ses possibles ; un glaive flamboyant au sein même de son âme l'empêche à jamais d'aller plus loin (cf. GEN 3^{24}) : il est condamné.

Néanmoins, il est ici sur la bonne voie. En effet, il est vrai que Dieu a pour but de libérer sa conscience, mais par aucune des deux méthodes précédentes. Il désire l'engendrer, le faire naître lors de rencontres intimes où l'amour est un feu ; et lui donner de la sorte un cœur nouveau aussi exceptionnel qu'indescriptible : un cœur maître de sa conscience. Cette liberté sera non le fruit d'une obéissance à des règles, mais elle se trouvera être la nature même de son nouveau cœur. Or, qu'est-ce que le cœur sinon le *saint des saints* en l'homme ? Et jusqu'où le parcours de la parabole vient-il de conduire notre homme sinon en ce lieu, pour lui révéler qu'il est vide de Dieu et de sa liberté ?

Revenons enfin à ce jugement dont le symbole des épines est l'évocation. Quelle a été l'erreur de l'homme ? Exactement la même qu'auparavant puisque c'est encore son attitude face à l'intelligence qui pose problème. Et c'est d'ailleurs toujours dans le rapport qu'il entretient avec l'arbre de la connaissance que l'homme est mis en défaut. Son erreur est ici d'avoir **donné à la raison autorité sur la foi** tandis qu'auparavant il dénigrait la raison pour donner à son ego autorité sur la foi. Or, qu'est-ce qui l'a induit à faire un tel geste ? Exactement la même chose qu'auparavant puisque c'est encore son projet qui pose problème. En effet, depuis le début, celui-ci reste inchangé : **changer la réalité** de sorte que les hommes vivent heureux, prospères et en sécurité dans le monde. Au commencement, notre homme n'avait recours qu'à la raison pour cela ; mais soudain il fit intervenir le divin. Dans cette nouvelle perspective, il nia d'abord la raison et versa dans le magique ; puis il retourna finalement à la raison, mais tout en conservant sa croyance en Dieu, qu'il soumit dès lors aux lois de la nécessité. Une méthode qu'à cet instant il croyait imparable. Parvenu à ce stade, il se retrouva donc en appui sur deux certitudes : d'une part que Dieu serait en accord avec son projet, et d'autre part qu'il le serait aussi avec sa méthode pour l'atteindre. Or, Dieu n'approuve précisément ni l'un ni l'autre !

Notre homme cherchait un bénéfice terrestre ; puis pour l'atteindre, il y mêla, et la croyance en Dieu, et la raison. Ainsi a-t-il été pris à son propre piège. En effet, où donc trouver ces fruits de la réussite terrestre ailleurs que dans les plantes épineuses ? Puisqu'il s'agit d'obéir aux réalités terrestres, à ses logiques, à la morale des récompenses et des punitions, c'est-à-dire à la Loi gouvernant le réel – à l'armée céleste, il lui fallait bien trouver des arbres fruitiers ayant les épines de ces commandements « divins » pour y déposer la semence de sa foi. Il lui fallait des arbres-lois ! Il appartenait à Dieu, se disait-il, de bénir ensuite son exigeant labeur. Or, Dieu ne bougea pas même le petit doigt. Cette œuvre était humaine et **il la livra de nouveau à l'armée céleste**. Non plus cette fois aux jugements extérieurs de cette dernière, mais à ses jugements intérieurs : aux consciences spirituelles. Puis il attendit. La semence de la foi s'étouffa donc à l'aiguillon de préceptes moraux qui n'apportèrent à notre chercheur qu'inquiétudes et privations de liberté. La gloire et l'or promis ne vinrent jamais tandis que cette pression le confronta définitivement à lui-même ; il était arrivé au bout de son parcours et plus aucune solution ne se présentait désormais à lui. Il se trouvait coincé dans une impasse, face à ce qu'il est *en vérité*, au fond du fond de son être ; dans la révélation : Dieu était plus que jamais absent de sa vie et il n'entendait de lui que son « non » !

Enfin, comble de la cruauté de ce chemin d'aveugles : les fruits de ses arbres profitèrent aux oiseaux ! Sa « spiritualité » fit la joie de notre monde des évidences et de la raison. Elle ramena en quelque sorte notre homme à son point de départ, sur le large chemin du commencement : entre athéisme et légalisme. Il n'est à ce jour que l'image vieillie de ce qu'il fut étant jeune, la désillusion, l'amertume et la morale en plus – lesquelles il peut encore faire passer pour de la sagesse. En vérité, l'ignorance de Dieu qu'il avait en entrant dans ses pérégrinations s'est muée en un mystère insaisissable : « tout est plus fermé qu'au départ » puisqu'il a couronné Dieu d'épines.

LA BONNE TERRE

Que lui reste-t-il à faire si toutefois il s'obstine dans sa recherche ? Une seule chose, laquelle va désormais le conduire sur l'unique terre où la semence du semeur accepte de fructifier. Il va lâcher prise à toutes ses illusions dévotes, à toutes ses logiques théologiques, et à toutes ses œuvres religieuses, sachant que sa spiritualité «ne dépend pas de sa volonté ni de ses efforts, mais de la bonté de Dieu.» (cf. ROM 9^{16}). Il fiche en l'air les prétendus projets mondains de Dieu et leurs méthodes humaines. Il déracine, élague et passe au feu tout son parcours pour ne finalement garder que l'essentiel: son attachement intérieur au Christ. Tant que cette passion est encore là, ne serait-elle qu'une flammèche presque éteinte – tout est encore possible. Ainsi donc, dans son face à face avec Dieu il accepte de **se tuer** intellectuellement, théologiquement, et religieusement. C'est-à-dire qu'il dépose sa semence spirituelle au plus profond de son être, dans le lieu le plus impénétrable et inconnaissable de sa personne, là où Dieu seul a l'autorité d'accéder; en son cœur au-delà de ses sentiments, de sa raison et de sa conscience: dans sa propre mort. **La bonne terre est le lieu d'où l'être peut ressusciter**; aussi n'est-elle pas terrestre mais exclusivement existentielle: elle est le «je suis» d'un homme. En un tel lieu toutes les méthodologies qui s'imposent comme intermédiaire au divin y sont bannies. Notre homme cesse donc d'investir les graines du semeur dans l'économie religieuse, et sa vie spirituelle sera dorénavant et à jamais libre de l'autorité des clercs, des thaumaturges et autres bondieusards. Il devient *akklésiastique*. Pareillement, tout vis-à-vis avec un frère sera dès lors littéralement «sans autorité», *anarkhè*; d'homme à homme. Ce n'est plus aux vérités théologiques, aux jugements éthiques et aux bigots de prendre la parole dans la fraternité; c'est à l'intelligence de la foi: «ce qui a été semé dans la bonne terre, c'est celui qui a entendu la parole et qui en a eu l'intelligence» (23).

« Entendre la parole », c'est précisément de cela dont nous parle le fruit que produit la bonne terre. Car l'utilité de ce fruit n'est, dans notre réalité, contenue **que dans sa graine**. En effet, le fruit du Christ n'est pas ici-bas une œuvre terrestre ou un certain mode de vie moral ; pas plus qu'il n'est un de ces miracles qu'on peut voir à l'œil nu et mesurer scientifiquement. Il n'est pas tangible et même encore totalement inaccessible. Son fruit est toujours à-venir et ne concerne pas l'ici-bas : c'est la résurrection. Ceux qui cherchent des fruits *ici et maintenant* n'ont qu'à vagabonder sur les trois premières terres de la parabole, là où l'homme n'a nul besoin d'être mis à mort. Mais quiconque veut produire des fruits dans la bonne terre doit d'abord mourir et accepter de ne les voir qu'après. Il doit devenir un autre individu fait d'une autre argile. C'est l'expérience que vit à présent notre homme dans cette dernière étape. Son fruit, c'est sa résurrection, et il ne va en offrir au monde que les prémices : il va en extraire les graines. Il va lui aussi sortir pour semer.

La graine posée en lui a produit des graines ; la parole posée en lui a produit des paroles. Qui sait combien de ses propos tombera dans de bonnes terres et produira des fruits ? Lesquels parmi ses auditeurs deviendront des frères ? Personne ne le sait, si ce n'est Dieu seul. Il s'ensuit que la graine est une langue. Et cette langue est l'évocation du fruit caché de la résurrection. Un fruit dont on ne peut se saisir que par la foi ; en faisant sienne sa *graine-parole* pour la déposer dans sa propre terre. La révélation, c'est **apprendre une nouvelle langue** ; il faut apprendre à parler en paraboles des mystères de Dieu. C'est pourquoi vivre dans la bonne terre exige plus que de croire religieusement, d'être juste ou charitable ; plus que prophétiser, chasser les démons ou faire des prodiges. La bonne terre exige l'intelligence de la foi pour apprendre un cantique que le Christ ne chuchote que dans «l'accointance d'un homme seul avec Dieu» pour reprendre l'expression de KIERKEGAARD. Seule cette foi-là permet à celui qui la possède de découvrir le royaume des cieux. Or, celui-ci est un monde où chaque-Un est roi en devenir. Un monde politiquement semblable à une anarchie et dont la paix ne peut être goûtée par aucune des plus hautes civilisations ici-bas. Qui serait assez fou pour troquer un fruit si délicieux avec ceux des possibles humains et mortels que nous proposent les trois premières terres?

🙰

Dans le premier terrain, notre homme était encore dénué de spiritualité, ou sinon n'en avait-il une que de formelle; dans le second, une spiritualité enthousiaste l'appela; dans le troisième, elle se fit chair dans une posture ecclésiastique engagée; enfin, dans le dernier, l'œuvre de Dieu s'incarne **en lui** et s'évoque comme étant essentiellement existentielle. Les trois premières étapes furent les terrains de l'origine, de l'*arkhè*, et le dernier est celui qui s'en libère: le terrain de l'horizon, de l'*anarkhè*. Le cordon ombilical qui le rattachait à la terre-mère et à ses dieux a été rompu par le Christ; et ce dernier se découvre à cet instant comme étant le Père: il parle ouvertement à ce frère qui désormais se tient derrière le voile de la parabole.

Un semeur vient de se lever.

La femme et l'homme
Une lecture de Genèse 2 & 3

Rappel du texte de Genèse 2 & 3

2 ⁴Voici les origines des cieux et de la terre, quand ils furent créés. Lorsque l'Éternel Dieu fit une terre et des cieux, ⁵aucun arbuste des champs n'était encore sur la terre, et aucune herbe des champs ne germait encore : car l'Éternel Dieu n'avait pas fait pleuvoir sur la terre, et il n'y avait point d'homme pour cultiver le sol. ⁶Mais une vapeur s'éleva de la terre, et arrosa toute la surface du sol. ⁷L'Éternel Dieu forma l'homme de la poussière de la terre, il souffla dans ses narines un souffle de vie et l'homme devint **un être vivant**. ⁸Puis l'Éternel Dieu planta un jardin en Éden, du côté de l'orient, et il y mit l'homme qu'il avait formé. ⁹L'Éternel Dieu fit pousser du sol des arbres de toute espèce, agréables à voir et bons à manger, et l'arbre de la vie au milieu du jardin, et **l'arbre de la connaissance** du bien et du mal. ¹⁰Un fleuve sortait d'Éden pour arroser le jardin, et de là il se divisait en quatre bras. ¹¹Le nom du premier est Pischon ; c'est celui qui entoure tout le pays de Havila, où se trouve l'or. ¹²L'or de ce pays est pur ; on y trouve aussi le bdellium et la pierre d'onyx. ¹³Le nom du second fleuve est Guihon ; c'est celui qui entoure tout le pays de Cusch. ¹⁴Le nom du troisième est Hiddékel ; c'est celui qui coule à l'orient de l'Assyrie. Le quatrième fleuve, c'est l'Euphrate. ¹⁵L'Éternel Dieu prit l'homme, et le plaça dans le jardin d'Éden pour le cultiver et pour le garder. ¹⁶L'Éternel Dieu donna cet ordre à l'homme : Tu pourras manger de tous les arbres du jardin ; ¹⁷mais tu ne mangeras pas de l'arbre de la connaissance du bien et du mal, car le jour où tu en mangeras, tu mourras. ¹⁸L'Éternel Dieu dit : **Il n'est pas bon que l'homme soit seul** ; je lui ferai une aide sem-

blable à lui. [19]L'Éternel Dieu forma de la terre tous les animaux des champs et tous les oiseaux du ciel, et il les fit venir vers l'homme, pour voir comment il les appellerait, et afin que tout **être vivant** portât le nom que lui donnerait l'homme. [20]Et l'homme donna des noms à tout le bétail, aux oiseaux du ciel et à tous les animaux des champs; mais, pour l'homme, il ne trouva point d'aide semblable à lui. [21]Alors l'Éternel Dieu **fit tomber un profond sommeil sur l'homme**, qui s'endormit; il prit une de ses côtes, et referma la chair à sa place. [22]L'Éternel Dieu forma une femme de la côte qu'il avait prise de l'homme, et il l'amena vers l'homme. [23]Et l'homme dit: Voici cette fois celle qui est os de mes os et chair de ma chair! on l'appellera femme, parce qu'elle a été prise de l'homme. [24]C'est pourquoi l'homme quittera son père et sa mère, et s'attachera à sa femme, et ils deviendront **une seule chair**. [25]L'homme et sa femme étaient tous deux nus, et ils n'en avaient point honte.

3[1] Le serpent était **le plus rusé** de tous les animaux des champs, que l'Éternel Dieu avait faits. Il dit à la femme: Dieu a-t-il réellement dit: Vous ne mangerez pas de tous les arbres du jardin? [2]La femme répondit au serpent: Nous mangeons du fruit des arbres du jardin. [3]Mais quant au fruit de l'arbre qui est au milieu du jardin, Dieu a dit: Vous n'en mangerez point et vous n'y toucherez point, de peur que vous ne mouriez. [4]Alors le serpent dit à la femme: Vous ne mourrez point; [5]mais Dieu sait que, le jour où vous en mangerez, vos yeux s'ouvriront, et que vous serez comme des dieux, connaissant le bien et le mal. [6]La femme vit que l'arbre était bon à manger et agréable à la vue, et qu'il était précieux pour ouvrir l'intelligence; elle prit de son fruit, et en mangea; **elle en donna aussi à son mari**, qui était auprès d'elle, et il en mangea. [7]Les yeux de l'un et de l'autre **s'ouvrirent**, ils connurent qu'ils étaient nus, et ayant cousu des feuilles de figuier, ils s'en firent des ceintures. [8]Alors ils entendirent la voix de l'Éternel Dieu, qui parcourait le jardin vers le soir, et l'homme et sa femme se cachèrent loin de la face de l'Éternel Dieu, au milieu des arbres du jardin. [9]Mais l'Éternel Dieu appela l'homme, et lui dit: Où es-tu? [10]Il répondit: J'ai entendu ta voix dans le jardin, et **j'ai eu peur, parce que je suis nu**, et je me suis caché. [11]Et l'Éternel Dieu dit: Qui t'a appris que tu es nu? Est-ce que tu as mangé de l'arbre dont je t'avais défendu de manger? [12]L'homme répondit : La femme que tu as mise auprès de moi m'a donné de l'arbre, et j'en ai mangé. ¹³Et l'Éternel Dieu dit à la femme : Pourquoi as-tu fait cela ? La femme répondit : Le serpent m'a séduite, et j'en ai mangé. ¹⁴L'Éternel Dieu dit au serpent : Puisque tu as fait cela, tu seras maudit entre tout le bétail et entre tous les animaux des champs, tu marcheras sur ton ventre, et tu mangeras de la poussière tous les jours de ta vie. ¹⁵Je mettrai inimitié entre toi et la femme, entre ta postérité et sa postérité : celle-ci **t'écrasera** la tête, et tu lui blesseras le talon. ¹⁶Il dit à la femme : J'augmenterai la souffrance de tes grossesses, tu enfanteras avec douleur, et tes désirs se porteront vers ton mari, mais **il dominera sur toi**. ¹⁷Il dit à l'homme : Puisque tu as écouté la voix de ta femme, et que tu as mangé de l'arbre au sujet duquel je t'avais donné cet ordre : Tu n'en mangeras point ! le sol sera maudit à cause de toi. C'est à force de peine que tu en tireras ta nourriture tous les jours de ta vie, ¹⁸il te produira des épines et des ronces, et tu mangeras de l'herbe des champs. ¹⁹C'est à la sueur de ton visage que tu mangeras du pain, **jusqu'à ce que tu retournes dans la terre**, d'où tu as été pris ; car tu es poussière, et tu retourneras dans la poussière.

²⁰**Adam donna à sa femme le nom d'Ève** : car elle a été la mère de tous les vivants. ²¹L'Éternel Dieu fit à Adam et à sa femme des habits de peau, et il les en revêtit. ²²L'Éternel Dieu dit : Voici, l'homme est devenu comme l'un de nous, pour la connaissance du bien et du mal. Empêchons-le maintenant d'avancer sa main, de prendre de l'arbre de vie, d'en manger, et de vivre éternellement. ²³Et l'Éternel Dieu **le chassa du jardin d'Éden**, pour qu'il cultivât la terre, d'où il avait été pris. ²⁴C'est ainsi qu'il chassa Adam ; et il mit à l'orient du jardin d'Éden les chérubins qui agitent **une épée flamboyante**, pour garder le chemin de l'arbre de vie.

I · ADAM : L'UNIVERSEL

Le premier homme était au commencement une femme. Ainsi en témoigne le texte biblique : Ève est le premier individu à naître de l'espèce humaine archaïque – non pas Adam. La première personne qui sur terre prit conscience de son devenir et de sa capacité à sortir de l'animalité était en réalité une femme.

Adam, c'est d'abord une généralité : l'humanité dans son ensemble. C'est de cette manière que la Genèse introduit le terme « Adam » : pour désigner la réalité d'un nouveau groupe d'êtres vivants apparaissant sur la terre : « Dieu forma *l'adam* de la poussière de la terre » (2⁷) nous est-il dit. C'est donc avec maladresse que nous parlons d'*Adam* comme nous parlons d'Antoine, de Pascal ou de Florent ; et nous nous trompons lorsque nous disons qu'Adam fut le premier homme et le premier être individuel. Le philologue Antoine Fabre d'Olivet, dans sa traduction très particulière et fort peu connue, lui aussi discerne la chose. Il décrit de façon bien plus pertinente le terme « adam » lorsqu'il le traduit par : « l'universel Adam » ou bien « l'Homme universel ». Je crois que nous serions plus proches de l'intention de l'auteur en poussant même jusqu'au néologisme, et comme nous parlons de *l'humanité* et de *l'homme*, nous pourrions parler de *l'adamité* et de *l'adam*. Bref... le récit de la création dans la Bible s'ouvre par l'annonce de **l'espèce humaine** ; par l'Adam qui n'est ni homme, ni femme, et pas encore un être particulier.

Par la suite, et tout au long des chapitres 2 et 3, l'homme n'acquiert pas de nom propre qui le distingue de ce terme générique originel. Il n'est à aucun moment rebaptisé d'une autre expression disant clairement qu'il serait passé de *l'universel* à l'être *individuel*. Ainsi, son élévation au rang de personnage libre reste-t-elle floue, ambiguë – jamais directement stipulée. Est-il Adam, une personne réelle, ou bien est-il encore « l'universel Adam » – c'est-à-dire l'Humanité, l'homme en général – dans ce cas, aucun individu ne peut sortir de son corps et s'affirmer comme individu, aucune personne ne peut être libre ou indépendante de ce corps mystique. Et comment Adam peut-il être les deux en même temps, personne réelle *et* corps mystique, sinon en devenant un monstre hégémonique ? Car, pour que puisse exister vis-à-vis de lui **un autre individu**, Adam ne doit plus être holistique ; il ne doit plus être « l'indivisible Adam » qui concentre en lui toute l'espèce humaine. Il doit changer de nom. Il est contraint de se retirer de son absolutisme et ainsi donner aux êtres humains d'immenses espaces afin qu'ils puissent exister dans leurs différences. Il doit laisser aux autres **la liberté** de porter leur propre nom. Par conséquent, l'homme universel qu'il est au commencement est appelé à s'effacer au profit d'un homme individuel ayant enfin une perspective ; c'est-à-dire une autonomie telle qu'il puisse devenir en quelque sorte sa propre race : **un nom unique** ! Bien plus, son avenir est d'acquérir un nom « connu de lui seul » ; un nom qui est la manifestation d'une existence insoumise à l'universalité de l'Adam, et qui lui échappe totalement. Il doit devenir un « second Adam » inconnu du premier ; un *fils de l'Adam* dira-t-on, mais qui pour le premier est d'une autre race, d'un autre monde et d'une autre réalité. En somme, l'homme doit devenir un **fils de l'homme**. Or, la GENÈSE quitte le jardin d'Éden sans que le Fils de l'homme apparaisse. Adam, hélas, ne parvient pas à réaliser cet extraordinaire horizon que Dieu lui murmure. Bien qu'il l'entraperçoive de loin, il restera dans cette ambiguïté qui a pour nom *Adam* : entre la nudité absolue de l'universel et un semblant d'intimité qui n'est qu'un succédané de liberté.

II · LA FEMME : ISHA

Il faut attendre que surgisse la femme pour voir enfin un être commençant à échapper à l'étouffoir de la totalité que représente l'Adam. La femme est de ce fait le premier être humain, et c'est par elle et son introduction dans la narration que l'auteur nous conduit vers la dimension du devenir existentiel qui est propre à l'espèce humaine. La femme se positionne dès son origine comme une personne à part entière, caractérisée ; et tout son parcours dans l'Éden est gravé dans cette radicalité à l'égard de « l'Homme universel ». Elle est *littéralement* « contre » Adam (2^{18}) ; non pas « semblable » à lui, mais de nature à lui faire face dans un vis-à-vis qui le remette en cause. En effet, avant d'être appelée Ève, elle fut **Isha** : la femme, l'être sexué femelle. C'est-à-dire qu'elle survient d'emblée sur la scène de la GENÈSE avec une particularité que l'Adam, dans son universalité, n'avait pas saisie. Ce dernier était l'espèce, en général, sans distinction de sexualité, de couleur ou de langue. Tandis que la femme est aussitôt, et par nature, **une première sortie du général**. C'est pourquoi son apparition est décrite par un geste divin qui échappe à la raison : « Dieu fit tomber un profond sommeil sur l'Homme universel ; il prit son côté et forma la femme » (cf. $2^{21\text{-}22}$). En effet, Dieu avait auparavant formé l'Adam de ses mains, en prenant de la terre, puis en lui insufflant une vie biologique comme il le fit pour tout le cheptel terrestre :

« tous les animaux ont en eux ce souffle de vie » (1^{30}) nous dit le texte. Mais, lorsqu'il fait naître la femme, Dieu n'utilise plus ses mains et l'argile pour façonner un vase qu'il remplit de vie *biologique*; il en appelle cette fois à un acte spirituel – à un geste **de l'Esprit** par lequel il remplit l'être de vie *spirituelle*. Il s'ensuit que la femme s'élève d'entrée devant l'Adam avec un avantage considérable : elle a conscience d'exister **en particulier**. Quant à l'Esprit, il a posé son leitmotiv : l'Un-dividu sera plus grand que le Tout.

Or, cet avantage féminin va précisément, à cet instant, déteindre sur « l'universel Adam ». Effectivement, ce dernier, au contact de la femme découvre soudain dans sa nature une particularité ; et c'est ainsi qu'il devient **Ish**, soit donc, l'homme, l'être sexué mâle. « Voici celle qu'on appellera **Isha**, parce qu'elle a été prise de Ish » (2^{23}), s'écrie-t-il au moment précis où la femme se montre en face de lui. Faut-il se limiter à comprendre ici que l'homme donne seulement un nom à la femme en l'appelant Isha ? Certes non, car c'est bien plutôt à lui-même qu'il donne un nom. L'Adam est en train de s'intérioriser, de se révéler à lui-même – par déduction à la femme. Celle-ci vient de faire monter l'homme vers une première marche **hors du général**. Ce contraire féminin mis contre l'homme devient donc pour ce dernier une aide, et cela, dès lors qu'il accepte le particularisme de sa compagne puis le reformule chez lui. Sous l'impulsion de la femme, l'Adam sort de son cocon douillet universaliste ; il prend lui aussi conscience de son existence individuelle. Cependant, c'est la femme qui est **la tête** de cette métamorphose ! Elle est première, bien qu'elle soit arrivée après. Une façon de penser paradoxale avec laquelle l'Écriture biblique ne cesse de jouer.

III · LA MORT D'ADAM

Jusque là donc, le texte ne connaissait pas Ish, et l'homme ne se connaissait pas comme Ish, comme un être masculin. On ne nous parlait que de l'Adam indivisible globalisant toute l'espèce en lui. C'est-à-dire qu'Adam restait un nom **générique**. Il était l'Humanité, en substance, en principe, mais non encore en réalité. C'est pourquoi ANDRÉ CHOURAQUI traduit ce terme par, *le glébeux*. Car, nous dit littéralement la GENÈSE : « Dieu forma l'*adam* de la poussière de l'*adamah* » (2⁷), soit donc de la terre : de l'*adamah*. De fait, il n'existe pas à ce moment de sexualité au sein de l'espèce humaine. L'Adam est incapable de reproduction et ne peut procréer ; il n'est ni l'homme, ni la femme, et, pourrait-on dire, les deux en même temps ; néanmoins, il n'en a pas réellement conscience. Il est quelque chose, en principe, en essence. Il n'est pas un être tel qu'il nous est familier de considérer un être. Il n'a pas encore de réalité terrestre, mais seulement une réalité embryonnaire, une réalité de germe. Il est une sorte d'âme générale absolue et incorporelle. Mais – toutefois, il est universel ; il est en vérité **l'âme du monde**. Pourquoi ? Parce qu'il est appelé *adam*, c'est-à-dire qu'il est désigné **du nom même** de la terre, de l'*adamah*. Il est par conséquent l'espèce dont la vocation est d'être le chef d'orchestre du terrestre, son impulsion, son souffle en quelque sorte ; l'espèce qui va donner au terrestre son devenir. L'humanité a cette qualité unique de voir le monde, non pas tel qu'il est, mais **tel qu'il n'existe pas encore** – tel que l'homme et la femme le façonneront.

Hélas, cette dignité d'universalité est aussi son **problème**, car elle est irréelle et seulement de l'ordre de l'idéel. L'Éden, c'est le monde des âmes. Il manque là-bas à l'Homme le réalisme. « L'Homme universel » doit devenir concret ; il lui faut acquérir une incarnation et une possibilité de procréation dans ce monde qui l'attend. Sinon, comment lui tracera-t-il une Histoire ? Et pareillement, sans cela, comment chaque être humain se tracera-t-il une histoire particulière ? Dans une annonce presque angoissante, Dieu en personne dira, comme dans un tournant de la narration : « Il n'est pas bon que l'homme soit seul » (2^{18}). Mais **seul**, ici, ne veut pas dire qu'Adam n'est avec personne. Ainsi l'explique d'ailleurs un rabbin[1] : « le terme seul, c'est *levado*, qui veut dire "resté seul avec quelqu'un" ; et qui vient du mot *lavoud*, signifiant *collé, assemblé à quelqu'un*. Seul, c'est *boded*, comme dans LÉV 13^{46}. » C'est-à-dire qu'Adam n'est pas dans la solitude, mais seul avec lui-même. Il est Un avec lui-même. Il n'est pas encore **séparé** en tant qu'homme et femme. Il est dans l'unité parfaite – et, par ce fait, il est **en danger** ! En effet, cette posture absolutiste le rend incapable de différenciations, incapable d'assumer les individualités particulières qui pourraient surgir de lui. Tel un embryon, il est **aveugle** à leur liberté : il est parfaitement *collé* à lui-même. Il faut donc séparer **les deux côtés** de cet assemblage idyllique ; les séparer en deux êtres réels et qui réellement existent. Mais c'est un geste que l'Adam n'envisage nullement. Il considère la perfection de son unité comme une chose sacrée et intouchable. Certes, le : « il n'est pas bon que l'homme soit seul » divin, l'a bousculé, et il paraît même à cette heure s'éveiller à l'Esprit de Dieu. C'est un leurre en vérité, car il ne voit aucu-

---

[1] OURY CHERKI, *Aggadot du Talmud*, sur le site MAHON MEIR : https://mahonmeir.com/archive/

nement que c'est précisément **son unité** que Dieu vient de remettre en question !

C'est ainsi qu'avant le surgissement de la femme, l'Homme indivisible qu'est l'Adam faillit glisser dans l'inhumain. Ne voulant pas lâcher prise à son fantasme de l'unité, il cherche, sans succès, une compagne auprès des animaux ; c'est-à-dire auprès d'êtres qui ne remettront pas en question sa pieuse et angélique unité ; auprès d'êtres qui lui obéiront sans broncher : « l'homme désigna par leur nom tous les **animaux**, mais pour lui-même ne trouva pas l'aide qui lui soit accordée », explique le texte (2[20]). Il ne reste désormais à Dieu qu'à agir directement et par lui-même : par son Esprit. Il va **déchirer** l'Homme universel. Il le sépare et prend *un côté* de cet arché-type pour faire surgir la femme. Ce « côté » de l'Adam, le monde religieux l'a malheureusement traduit par : « la côte de l'homme ». Mais *tzela* ne signifie pas « la côte », en hébreu, le mot se traduit correctement par : « le côté ». Bref... L'universalité est directement conduite au tombeau par Dieu tandis que les premiers individus apparaissent : Isha, la femme, puis Ish l'homme. L'histoire semble enfin pouvoir s'enclencher.

C'est le premier séisme dans la narration. Adam se meurt – ou plutôt, c'est ainsi que naissent les premiers hommes. La femme en tête, puis l'homme, qui sous son impulsion accepte aussi son individualité. Ainsi donc est rendue possible la procréation ; et plus exactement la possibilité d'autres différenciations, d'autres êtres qui pourront, eux aussi, bientôt affirmer leur « je suis ». L'Adam n'était pas l'Être humain, mais **l'esquisse** du projet divin ayant reçu de son Esprit une attention particulière et unique. Tel que le fait un artiste, Dieu abandonna l'ébauche lorsqu'il commença à concrétiser son œuvre. Il brisa l'Homme universel, il déchira *le terreux* tel une matrice, « rompit l'unité de ses enveloppes » nous dit FABRE D'OLIVET ; et il fit naître par l'Esprit les êtres humains : les femmes et les hommes qu'il chérit.

Isha et Ish ne sont néanmoins qu'une **première étape**. Il s'agit d'aller bien au-delà. En effet, lorsque l'Adam se reconnaît comme Ish, comme l'homme ; il n'est là, somme toute, qu'un mâle, au mieux, un mari. De même qu'Isha n'est somme toute qu'une femelle, au mieux, une épouse. Certes, le projet a fait un pas monumental, mais Isha et Ish demeurent encore des noms **génériques** : la *femme*, en général, et l'*homme*, en général. Ni l'un ni l'autre n'ont à ce moment un Nom singulier. Et quelque effort qu'on fasse pour les identifier par d'autres catégories générales : métier, classe sociale, nationalité, tranche d'âge, et que sais-je encore ; toutes ces identités ne sont que des classifications collectives où l'individu est encore soumis à sa caste. Elles ont pour **ombre** l'Homme universel. Elles émanent encore de lui. Elles ne sont en vérité qu'un avatar de l'Adam. Elles ne sont nouvelles qu'en apparence, et il nous faut bien reconnaître que Isha et Ish ne sont finalement pas libres à l'égard de l'Adam originel. Il s'ensuit qu'Adam n'est pas mort en réalité, mais qu'il fait simplement du nouveau avec de l'ancien. Et toutefois, dans cette démarche, les hommes sont portés vers le projet divin. Isha et Ish nous parlent du Fils de l'homme vers lequel ils tendent, mais leur langage reste flou, **allégorique** ; car cette perspective divine ne peut être saisie par la logique.

Pour atteindre le Fils de l'homme, il faut donc qu'une seconde transformation de la nature humaine ait lieu. Il s'agit que l'homme et la femme aillent au-delà de leur genre sexué, et au-delà de toute catégorie sociale, cultuelle et même universelle. Il leur faut être « ni Juif ni Grec, ni esclave ni libre, ni homme ni femme » (GA 3^{28}), dira par ailleurs le Nouveau Testament. Bien plus qu'un nom personnel, il faut aux êtres humains **un nom unique** qui leur fasse définitivement oublier l'Homme universel du commencement. Un nom qui reflète un horizon existentiel et jette dans l'oubli **l'origine** du premier Adam. Or, l'origine se dit aussi *arché* en grec ; quitter l'origine est de fait une démarche « sans-arché », *an-archè*, un mot qu'on traduit en français par « anarchie ». Le Fils de l'homme est un être forgé au feu d'une volonté anarchiste précisément en lutte *contre* l'Homme universel. Le « second Adam » vient pour irrévocablement crucifier le premier ; pour en être libre. Pareillement, dès l'instant où Isha et Ish se perçoivent eux-mêmes dans la perspective du projet divin, ils deviennent en puissance des **ressuscités** du « second Adam ». Ils sont à ce titre des anarchistes dont la seule politique est de mettre à mort leur première nature.

Voici pour le coup le scandale que nous murmure le texte de la Genèse : la résurrection est immanente à la formation de l'espèce humaine, et de fait – la mort aussi ! Et cela, **sans** même que l'homme se soit réellement avili en conscience. Il n'est à cet endroit du texte que dans une sorte d'innocence candide qui lui rend l'œuvre divine totalement incompréhensible. Et pourtant ! il doit s'endormir ; c'est-à-dire qu'il doit mourir ! Car c'est bien ainsi que Dieu parla de la mort avant même cet acte que le monde religieux se plaît à nommer : *l'apparition du péché*. « Dieu fit tomber un profond sommeil sur l'Adam » (2^{21}), nous avait dit le texte précédemment. « Il fit tomber une torpeur sur le glébeux » traduit CHOURAQUI ; quant à FABRE D'OLIVET, lui, parle « d'un sommeil profond et sympathique ». Dieu s'était en effet littéralement **attaqué** à l'Universel Adam à cet endroit de la narration – précisément lorsqu'il sépara les côtés de l'Homme universel et fit apparaître Isha, la femme, dans un mouvement de l'Esprit dont les termes hébreux laissent clairement à penser, telle une prophétie, à une mort du premier Adam. Mais Dieu en parle en 2^{21} de façon totalement décomplexée ; car se réveiller du sommeil est pour l'Esprit un fait banal. Lorsque, ailleurs dans le texte, l'Écriture change de vocable et parle de « la mort » au lieu « du sommeil », elle insiste alors sur la modification de *nature* de l'homme ; sa nature a été rendue si faible qu'il est désormais impossible à l'homme de se réveiller d'un simple sommeil : il doit mourir.

IV · L'HOMME : ISH

Pour l'heure, les termes génériques de Isha et Ish qu'utilise l'auteur de la GENÈSE sont des pierres d'achoppement ; précisément parce qu'ils sont encore issus de l'Homme universel. L'homme et la femme vivent à l'ombre de l'Adam, dans la pénombre, entre les ténèbres de leur animalité et les lumières de la conscience en train de poindre en eux. Pourtant ! cette lumière-là n'est pas « la véritable lumière » ; elle aussi n'est que l'ombre de Dieu ! L'espace dans lequel se trouvent Isha et Ish est de ce fait particulièrement inconfortable. C'est pourquoi, après qu'il ait accepté de la femme sa nouvelle identité, l'homme s'égare à nouveau et s'embourbe dans sa propre argile : il est tenté par un retour dans l'idylle de son unité originelle. Le bonhomme envisage de **reculer**. Il s'obstine à vouloir exister comme **un seul** être avec la femme : « Devenons une seule chair » (2^{24}), lui dit-il. Mais Dieu ne vient-il pas justement de refuser à l'Adam l'état fusionnel de ses deux côtés ? Pourquoi faudrait-il recoller ce qui vient à l'instant d'être détaché ? Pourquoi rechercher à n'être qu'un visage quand Dieu a voulu que surgissent deux visages ? Pourquoi faudrait-il ôter l'intimité octroyée à chacun et les faire retourner tous deux dans le premier état de transparence absolue ? Plus il y a de liberté, plus il y a possibilité de se voiler ; et l'amour, c'est la libre décision de voiler ou non son intimité, de se révéler ou non à l'autre, comme dans un jeu. Ainsi l'évoque DELPHINE HORVILLEUR, une femme rabbin[2] : « C'est parce qu'ils ont quelque chose à cacher, une peau à couvrir qu'ils se mettent en route vers l'autre. [...] La pudeur véritable est une culture de la rencontre. C'est-à-dire, conclut-elle, que le voile n'est pas là pour étouffer le désir, mais plutôt pour le susciter. »

Leur voile, dans l'allégorie de l'Éden, se borne pour l'instant à être la soudaine conscience de leurs individualités particulières, dont ils viennent d'avoir **la révélation**. Cette existence, ce « je suis » qui subitement leur parle de leur liberté personnelle, et tandis que Dieu avait arraché à l'Adam son omnipotence sur tous les êtres ; c'est cette intériorité même qui constitue un voile pour l'autre. Ce n'est pas le corps ou son habillement qui leur offre une telle possibilité. Car, la femme et l'homme de l'Éden ne sont jamais et à aucun moment revêtus de corporalité : **ils sont nus** ; et cette nudité est une absence littérale de corps. Il et elle sont des âmes nues. Seule la rencontre avec leur liberté individuelle consti-

---

2 DELPHINE HORVILLEUR, *En tenue d'Ève, Adam, genèse de la nudité*, pp. 77-78.

tue pour l'heure un voile à leur intimité. Il est en vérité le premier voile, le seul et le plus puissant ; l'intouchable voile de l'Être qui a été couronné de liberté par l'Esprit de Dieu. Le corps dont ils seront revêtus plus tard, alors qu'ils sortiront de l'Éden, alors qu'ils naîtront à l'Histoire terrestre dans laquelle nous vîmes le jour lors de notre naissance, cette corporalité donc n'est que la manifestation de leur liberté individuelle qui vient de jaillir en eux. C'est pourquoi, le corps, c'est la liberté. Le corps, c'est l'âme qui pose sa liberté et qui dit à l'autre : « Peut-être nous toucherons-nous, peut-être nous aimerons-nous, et même serons-nous unis ; mais jamais nous ne serons littéralement un seul corps, c'est-à-dire une seule âme dans laquelle serait abolie notre âme individuelle. Car notre amour est l'amour, précisément parce qu'il est consenti librement et qu'à tout moment nous conservons l'un et l'autre nos possibilités de distance. Nous conservons le pouvoir de nous affirmer dans nos différences pour mieux donner à celles-ci de se rencontrer : pour mieux nous aimer. » De fait, suggérer que la désincarnation serait la liberté, c'est vouloir faire retourner l'individu dans le monde des âmes nues, puis, de là, le jeter dans la matrice de l'*adamah*, dans ce lieu *obscur* où « **il n'est pas bon que l'homme soit seul** » – parce qu'il est là-bas aveugle à son « je suis », encore incapable d'aimer son libre arbitre.

Mais cette subtilité semble manquer à l'homme. A-t-il réellement saisi l'acte divin ? Comprend-il ce que Dieu fait en mettant soudain en vis-à-vis deux visages ? L'homme voit-il que dans cette contradiction de la rencontre, dans ces ébats à découvrir l'autre, se joue, non seulement la naissance de l'amour, mais aussi la possibilité du devenir individuel – chacun s'enrichissant de la différence de l'autre. La remarque de l'homme laisse à douter qu'il ait alors perçu cette profondeur. Le voilà plutôt à dénuder l'autre, puis à procréer pour assurer la survie de l'espèce, et enfin, à s'installer dans le nid d'une unité archaïque semblable à celle qui vient d'être abolie. La nouveauté semble chez lui se montrer comme une **re-formation** de l'humain à l'image de ce qui vient d'être abandonné. Son projet existentiel se limite à un ordre communautaire. Il veut que la dimension de l'individu soit subordonnée à la supériorité du clan. C'est-à-dire qu'il recherche qui est l'homme, **en général** – l'humanité, mais non ce qu'est chaque-Un dans sa différence, dans **son secret** – dans son Nom. Il s'arrête à Ish, à l'homme, au mari, au mâle. De sorte qu'il écrase cette toute nouvelle diversité des individus sous le poids de continuels soupçons. Aussi dira-t-il sans intelligence : « La pluralité n'est-elle pas un danger à l'égard de l'unité communautaire ? Ne risque-t-on pas, à trop la reconnaître, de flétrir cette assemblée, cette *ekklèsia familiale* qu'il nous faut élever au rang de sacré pour plaire à Dieu ? »

Aussi en reste-t-on chez lui à une capacité intellectuelle où se mêlent étrangement le grégaire argileux et un moralisme pathétique qu'il vante cependant comme étant profondément spirituel. L'homme-Ish, est tenté par une sorte de romantisme qui dissimule l'hégémonie de son fond universaliste. L'identité est pour lui, non pas unique, mais elle doit demeurer dans des catégories généralistes. Tantôt d'ordre biologique : la femme, l'homme, l'enfant, l'ancêtre, etc. Tantôt d'ordre institutionnel : le patron, l'ouvrier, le fonctionnaire, l'érudit, etc. C'est pourquoi ses rencontres avec la différence d'autrui commencent et finissent par questionner ainsi son prochain : « Quel est ton rôle dans la société, dans la famille ? Quel est ton travail ? » ; et tout intérêt à la subjectivité de l'autre n'est que dans cette perspective : le poser en tant qu'**être social** utile au collectif. Quant aux questions de type : « Quel est ton nom ? Qui es-tu ? Quel est ton monde ? », il laisse de tels propos aux poètes et aux fous tout en les surveillant du coin de l'œil. Cet Adam que la femme aide à devenir un homme s'est finalement enlisé en lui-même. Alors que l'Esprit disloqua l'unité originelle de l'Humanité, de l'Adam, l'homme-Ish qui en sortit essaya de retourner ce mouvement spirituel sur lui-même ; il voulut enfermer l'Esprit dans une unité charnelle : la famille, la religion, le peuple, l'empire. Il vida l'amour pour en faire un **amour diabolique** dès l'instant où il donna à l'unité une nature biologique, théologique, généalogique ou idéologique. L'homme révélé par la femme a basculé dans le totalitarisme. Son dogme fondamental d'« une seule chair » est l'annonce, non pas de l'unité, mais de **la fusion** ; d'une union totale ; des dieux de la totalité. L'homme ne se suffit pas d'un dieu-Un régnant sur Tout ; il décrète que le Un, le Tout et le Total sont le dieu. « Soyons un seul corps, soyons un seul être ; collons-nous, assemblons-nous. Devenons ekklésiastique ! » scande-t-il. Que répondra sa compagne à cela ? Et surtout : que répondra Dieu ?

V · ÈVE : L'AVENIR DE L'HOMME

Dieu ne répondra rien pour l'instant. C'est la femme qui se saisira de la parole. Sa position première dans le couple ne lui octroie-t-elle pas d'ailleurs une telle autorité ? Pour l'homme, c'est certain, puisqu'il va agréer son initiative. En outre, c'est probablement cette position même qui enflamme Isha, car elle va développer une initiative intellectuelle que l'homme n'a pas, et notamment une force dans la volonté qui se montre, chez son compagnon, plus flasque. La femme est dans la prise de risque intellectuelle. Parce qu'elle pressent et perçoit toute la hauteur du projet divin : il s'agit de transformer le réel – de **dominer** le monde.

Comme précédemment, Isha va encore donner à Ish d'ouvrir l'humanité à son destin, mais cette fois, dans un claquement de fouet vers une étape nettement plus décisive que la première. Isha voit en l'humanité une collectivité qui est bien plus qu'une espèce dans le monde ; et aussi bien plus qu'une multitude de familles, de tribus, de religions ou de nations essayant de s'envelopper les unes les autres « pour devenir une seule chair », pour reprendre la formule de l'homme. La femme va s'affirmer comme une puissance d'existence, un être si intensément conscient de sa liberté et de sa supériorité qu'elle va **forcer la Nature** entière à reconnaître la primauté de l'Adam. Elle veut que la Nature partage son trône avec l'Homme universel. Aussi va-t-elle directement converser avec cette Nature qui gît en elle et autour d'elle – c'est-à-dire avec le serpent. La femme veut être plus qu'une âme-dans-le-monde régnant sur les autres âmes ; elle veut être **l'âme du monde**. Elle veut façonner le monde, le transformer, l'enfanter, et l'organiser de telle sorte qu'il serve au bonheur de toutes les races, de tout l'écosystème... et s'il est possible également du ciel. Elle croit par là se plonger corps et âme dans la perspective du projet divin, le cœur rempli d'*amour* pour la création. L'homme n'est-il pas l'essence même de la terre, n'est-il pas le noble « Adam de l'Adamah » ? N'est-il pas destiné à régner sur la terre ? Le ciel ne l'a-t-il pas missionné à être comme Dieu dans le monde ? L'homme ne doit-il pas être le dieu de la Nature, de la *physis* disait les Grecs ; dieu des naissances et de la physique ? Ainsi pense Isha ; et de cette façon va-t-elle ouvrir une nouvelle voie vers un monde harmonieux et **civilisé**. Et si ce chemin plaît tant à son compagnon, c'est parce qu'il en voit d'abord toute la supériorité, et ensuite parce qu'il trouve là une aide considérable afin d'anoblir l'initiative précédente et barbare dans laquelle il s'était embourbé avec son « une seule chair » bien trop brutal. Décidément, la femme est **salvatrice**. C'est encore elle qui fait monter l'homme et l'aide à se dépasser. Non seulement elle fut la première à s'extraire de l'Adam, mais elle est désormais la première à entrer dans la civilisation : elle est le premier homme !

C'est donc cette volonté de puissance qui la pousse, elle, et non pas l'homme, à s'approcher de **l'arbre des connaissances** ! Par ce geste, elle dit « oui » à la mission divine avec bien plus de zèle que l'homme – mais, étrangement, elle dit « non » à Dieu. En effet, ce dernier avait clairement averti le couple de ne pas se nourrir de l'arbre des sciences : « La noblesse du projet ne justifie pas d'utiliser n'importe quel moyen pour l'atteindre, avait-il dit en substance ; car ce n'est pas par une logique des savoirs que de l'homme naîtra le Fils de l'homme, comme si ce dernier était une vulgaire machine ou le *corpus* d'un système. C'est par l'Esprit insoumis et caché à la raison que le second Adam sortira de la chrysalide du premier ! » Mais Isha n'écoutait pas ; sa dévotion pour le Fils de l'homme l'aveuglait. Elle décida d'**affirmer** sa volonté et son libre arbitre avec audace, bien qu'avec tout autant de naïveté. À aucun moment elle ne mesura la tragédie qui pouvait en sortir. Cependant, elle embrassa la liberté avant l'homme. Car il y a certainement plus de libre arbitre à dire « non » à Dieu en essayant de comprendre la vie, qu'à ne rien rechercher de sa volonté, heureux tel un enfant pour qui toucher aux affaires du Père impose trop de responsabilités. De même, la femme développa une finesse intellectuelle avant l'homme alors qu'elle pénétra la première les mystères de l'arbre des sages. Enfin, dans son enthousiasme et sa générosité, elle communiqua cette nouvelle existence à l'homme et de nouveau déteignit sur lui. Elle s'arrogea les fruits de l'arbre des connaissances, puis, nous dit le texte : « Elle en donna à son mari qui était auprès d'elle, et lui aussi en mangea » (3^6). Ne fallait-il pas qu'ils entrassent ensemble dans cette épopée de l'humanité ? Plus tard, cette perspicacité féminine se clôturera en apothéose ; car l'homme donnera à sa compagne un nouveau nom, comme il le fit déjà une fois ; mais ce nom sera alors revêtu de gloire.

Ève, c'est **le premier homme**, parce que c'est elle qui prend l'initiative d'enfanter le monde. C'est elle qui la première manipule la Nature et ses énigmes – et de surcroît, la nature humaine elle-même. C'est elle qui inaugure un chemin où les limites de l'homme seront repoussées au-delà de son caractère grégaire. La femme a de la bravoure, mais la bravoure du jeunisme, de l'Éden ; un héroïsme mêlé d'ingénuité, d'immédiateté et d'une soif de gloriole vite acquise. Son inspiration est celle de **l'innocence**. Mais quand elle s'approche de l'arbre, elle ne sait pas, comme le disait KIERKEGAARD, que « l'innocence est l'ignorance » et que cette inspiration-là est un faux-frère qui va la trahir. Que sait-elle d'ailleurs de cette vie élémentaire, de ces serpents brûlants dont est faite la Nature ; de cette sagesse hypnotique, impitoyable, passionnée ; de cette raison froide et tortueuse ; de ces titans plus massifs que les soleils que sont les principes premiers ? Elle n'en sait rien. Mais elle sait qu'ils règnent sur le monde, et qu'en les obligeant à dévoiler leurs secrets, elle s'emparera de leurs couronnes et deviendra la **mère des dieux**. Ève tend la main et se saisit donc du sceptre d'autorité ; elle se saisit du livre et du logos : de la raison. Elle commandera désormais le monde et le métamorphosera. Elle-même transfigurée par sa connivence avec la Nature, revêtue d'une beauté toute nouvelle, touchée par la première métamorphose de l'être, ce n'est pas sans une certaine stratégie qu'elle se tourne vers l'homme et lui donne le fruit détaché. Elle lui confie en effet la dure besogne d'administrer ces nouveaux mystères dont elle a ouvert la porte. À l'homme de les sonder et de les dompter tandis qu'elle sera l'oracle de la voix **directrice**. Ce sera elle qui tracera à l'humanité son horizon : elle sera l'avenir de l'homme.

VI · LES JUGEMENTS

Devant ce pouvoir quasi-magique que lui offre sa compagne, l'homme s'épanche d'admiration pathétique à son égard. Il élève la femme jusqu'à la **sacraliser**. Sa dévotion s'appuie certes sur la crédulité à l'égard des promesses de la connaissance, mais elle devient de plus très vite la réponse à une peur qui le pétrifie. En effet, l'homme a mille raisons de chercher une consolation, car suite à cette dernière activité du couple, Dieu a soudain rompu le long silence dans lequel il se tenait. Il a apporté une terrible réponse. Sa parole est tombée, cinglante, tragique ; un séisme : « L'homme retournera au néant, il n'aura plus de possibilité d'incarnation. Telle la poussière, il ne sera qu'une conscience désincarnée. » Une malédiction qui étrangement fit par la suite la joie des philosophes grecs, du bouddhisme et de l'hindouisme, lesquels voient là une libération corporelle.

Bref... L'homme se met donc en quête d'une échappatoire à l'amertume dont Dieu vient de le frapper ; et c'est encore auprès de la femme qu'il se tourne. Le ciel ne vient-il pas clairement d'annoncer à la Nature que la femme la vaincra ? « La descendance d'Isha t'écrasera la tête » a-t-il été dit au serpent (3^{15}). Amen ! s'écrie l'homme ; l'humanité ne mourra pas sous l'inexorable croissance de la Nature ; elle ne pourra l'éradiquer puisque la femme a la capacité d'apporter aux hommes une postérité. Ainsi couronne-t-il Isha : « Elle sera Ève ; elle sera la mère de tous les vivants » (3^{20}). Telle est la défense de l'homme devant l'angoisse du jugement qui l'abat. Non seulement il ne déjuge pas la femme, mais il conforte sa position. N'est-ce pas elle qui vient à l'instant de l'enfanter en lui ouvrant les yeux ? N'a-t-elle pas depuis le départ l'initiative du devenir de l'Adam ? Ce sera donc par elle que le monde sera réparé, et par elle que les mises en examen du ciel seront surmontées puis un jour abolies. Ève apportera la vie là où Dieu annonce la souffrance et les épines ! Quant à l'homme, il ne trouve pas à cette heure de nom propre qu'il puisse pareillement porter comme un titre. Posé sur le sein de Ève, il fuit la crainte du ciel en se réfugiant auprès d'elle comme un disciple auprès de son égérie. **Sa soumission à**

sa conjointe semble dès lors définitive ! Ce n'est qu'à partir du chapitre 4 du texte, c'est-à-dire lorsque l'Histoire réelle commencera, et alors que l'homme sera enfin nommé d'un nom individuel, que l'autre partie du jugement s'ébranlera aussi : « La femme sera poussée aux pieds de l'homme et subira son autorité » (3^{16}).

Le nom de Ève en hébreu est Hava, ou encore Hewah. Son étymologie est communément ramenée au verbe *vivre*, et à *la vie*; notamment pour coller à la traduction usuelle : « la mère de tous les vivants. » Or, les substantifs, nous le savons, sont très ouverts en hébreu, de telle sorte que le verbe racine de Ève peut aussi signifier *souffler, dire, faire connaître*. C'est la raison pour laquelle Ève est revêtue de ce nom comme d'un diadème. Elle est l'impulsion vitale, la parole et l'intelligence du devenir de l'humanité : la femme se pose comme **l'essence spirituelle** de l'avenir de l'homme. C'est grâce à elle que « les yeux de l'humanité se sont ouverts » nous explique le texte (3^7). Bien plus : Ève est une huile d'onction sur la plaie des jugements divins. Quand Dieu dit à l'homme : « Tu retourneras dans la terre d'où tu as été pris, car tu es poussière, et tu retourneras dans la poussière » (3^{19}). Ève répond à ce terrible coup de la manière suivante : « Je saurai dire, souffler et enfanter un monde où la vie pourra perdurer et se magnifier. » Par son pragmatisme et son audace ; sa force amalgamée à la douceur ; et par son corps si particulier d'où jaillit la vie biologique, elle devient la clef d'une espérance laissant accroire au dépassement de la justice divine. Ève est pour l'homme **la promesse** d'abrogation des verdicts rigides du Créateur. Ainsi devient-elle très tôt une **déesse-mère** aux yeux de l'Adam ; un être messianique ; l'action sal-

105

vatrice par laquelle les malédictions des dieux sont enjambées.

À ce moment, ni l'homme, ni la femme, ne veulent admettre que ce messianisme-là, ce messianisme de **l'arbre des sciences**, c'est lui qui est très exactement **la cause** des jugements : aussi ne peut-il servir à leur dépassement ! Ève et son compagnon se trompent si lourdement qu'il semble même incroyable qu'on puisse être victime d'une telle chimère. Le jugement ne vient pas de Dieu, mais de son retrait, de son absence. On ne peut dire qu'il vient de Dieu que de façon **indirecte**. C'est-à-dire que le jugement vient directement **des dieux**; soit donc des forces de la Nature. Il vient de l'arbre. Il émane des connaissances du bien et du mal ; de la raison et de cette justice morale dont le couple s'est à l'instant délecté. Car de même que le serpent est capable de muer, en se nourrissant du même aliment que ce dernier, l'homme et la femme ont vu eux aussi leur nature **muer**. Par cet aliment intérieur et intellectuel de l'arbre, ils entendent désormais en eux-mêmes une culpabilité dont ils n'avaient pas conscience auparavant : ils entendent les jugements du bien et du mal au pied de l'arbre dont ils se repaissent du fruit. C'est pourquoi, face à ces forces mystérieuses, mais tout autant brutes que raisonnables que sont les énigmes du créé et de la création, l'auteur use d'un symbole : « le serpent ». Toutefois, il précise qu'il est « l'animal le plus intelligent », montrant par là que cette capacité à toucher aux mystères est de manière exclusive acquise à l'espèce Humaine. N'est-ce pas elle en effet l'espèce la plus intelligente ? Dès lors, il serait plus juste de parler de **la chute des dieux** et des puissances de la raison, car c'est en cela que se concrétise réellement la chute de la liberté de l'Humanité. Ève et son compagnon, en chutant, ont fait tomber sur terre des vérités autoritaires qui n'avaient pas lieu de régner sur l'Adam. Les jugements dont ils sont soudain frappés sont édictés par la réalité qu'ils viennent d'enfanter, par ce monde qui lui aussi a mué, tout comme son chef : l'être Humain.

C'est donc avec le plein accord des hommes que le bien et le mal publient leurs récompenses et leurs punitions, et c'est tout naturellement dans l'âme des hommes que cette épée frappa en premier : « j'ai eu peur et je me suis caché » (3^{10}), répond l'homme après avoir ouvert les yeux. C'est ainsi que la raison reçut des hommes de régner sur le monde, et depuis lors l'homme la divinise autant qu'il la craint. Il la craint comme on craint la chimère, car c'est précisément ce qu'elle est et ce qu'elle produit. Elle peut tout aussi facilement se muer en système technique qu'en être fantastique, mais jamais l'homme ne cesse de l'adorer, à la suite d'Ève, à l'instar d'Ève et son compagnon qui cueillirent ses paroles. En témoigne le NOUVEAU TESTAMENT lorsqu'il symbolise ce pouvoir en un personnage érudit et plein d'assurance, lui faisant confesser ainsi son règne : « Toute cette puissance, et la gloire de ces royaumes m'a été donnée, et je la donne à qui je veux. Si donc tu te prosternes devant moi, elle sera toute à toi. » (LUC 4^{6-7}).

L'homme et la femme viennent de créer un monde chimérique, et l'humanité ne s'est jamais libérée de cette chimère. La femme est continuellement défigurée avec le visage d'Ève. Elle est assimilée à la terre nourricière, c'est-à-dire à l'*adamah*, qui en somme est l'Adam : l'espèce humaine. Pour la Nature, l'homme, c'est d'abord la femme, celle qui perpétue la vie biologique : la femme est le premier homme. Il s'ensuit que plus l'humanité évolue et désire vaincre le jugement dont l'*adamah* est frappée, plus l'être humain doit se féminiser, converser avec la Nature et **soumettre la virilité** au culte du Féminin. De la terre Mère à la Mère Nature, la femme, c'est l'homme idéal. C'est pourquoi de multiples cultures ont toujours adoré une *Mère des dieux*. Et quand aujourd'hui des millions d'hommes s'agenouillent devant Marie la catholique, ils ne font qu'adorer la même chimère d'un monde édénique imaginaire où finalement l'amour est diabolique. Ils sont dans le même état de psychose que l'homme et la femme en Éden. Car, à cet instant, la nature humaine ne vient pas de s'améliorer ; bien au contraire : quelque chose vient de **se casser** dans l'Adam. Quant à la nouvelle nature, c'est-à-dire la promesse du Fils de l'homme ; elle est définitivement inaccessible. L'épée flamboyante des jugements rend impossible son accès (cf. 3^{24}) puisqu'elle se tient et pénètre dans l'âme même de l'homme. Le jugement est en l'homme et l'homme est le jugement ; sa nature qui a mué est le jugement.

Le coup de semonce des accusations spirituelles dont nous témoigne la GENÈSE n'est finalement que l'écho produit par cette mutation de l'espèce humaine ; mutation qui pour la liberté est inacceptable, et pareillement pour l'amour, lequel est le revers de la liberté. C'est ainsi que Dieu **refusa** l'Adam en sa présence. Et cet écho ne s'éteindra pas avec la mort de l'individu ; lorsque ce dernier deviendra une conscience désincarnée. Bien au contraire, **il le suivra** puisque l'origine et la racine de ces jugements se trouvent être dans la conscience même de chaque Adam. Là-bas, dans sa seconde mort, c'est-à-dire lorsque l'homme atteindra sa désincarnation, il entendra l'écho de son propre verdict dans une absolue clarté. Il le verra et l'entendra face à face, sans que rien ne le cache ; non seulement parce que sa conscience nue lui fera apparaître sa vie dans une clarté sans pareille, mais de plus, parce que cette transparence indécente de l'être sera le lot de tous. N'est-ce pas ce que rapporte avec vigueur le Nouveau Testament lorsqu'il nous dit : « Tout ce que vous aurez dit dans les ténèbres sera entendu dans la lumière, et ce que vous aurez dit à l'oreille dans les chambres sera prêché sur les toits » (Luc 12³).

VII · L'HISTOIRE

L'homme est apparu dès l'origine comme valet de la femme quand elle l'inspira à exister intellectuellement ; quand **elle lui donna le fruit** de l'arbre des connaissances pour métamorphoser la réalité. Ève est par nature un chef politique et en vérité le véritable chef de famille. C'est pourquoi son ambition est de choisir parmi les hommes le plus apte à mettre en pratique sa vision du monde. L'amour se déploie en elle *à cette condition*. La femme de l'Éden cherche l'homme qui saura écouter et incarner avec talent les leçons de la séduisante raison. Elle aide ainsi son compagnon à déployer sa supériorité sur l'animal et à affirmer son pouvoir politique ; et ce faisant, elle le conduit à bâtir la conception du monde qu'elle goûte et voit intérieurement. Elle est l'architecte.

Toutefois, cette hégémonie de la femme ne parvint pas à réellement aboutir. C'est le déséquilibre des forces matérielles qui l'en empêcha. L'homme reçut une **force physique** que la femme n'avait pas, comme pour endiguer l'autocratie de Ève qui se mettait en place. La suprématie féminine fut alors stoppée net. Effectivement, face à une nature violente et impitoyable, c'est la puissance corporelle qui fit dans un premier temps toute la différence – non la raison. Les choses se renversèrent alors étrangement et **totalement**. L'homme soumit la femme sans aucun état d'âme. C'est ici que le narrateur quitte l'allégorie des 3 premiers chapitres de la GENÈSE, et c'est seulement à partir du chapitre 4 que commence l'Histoire réelle. Les premiers noms individuels attribués à un être humain masculin n'apparaissent par conséquent qu'à cet instant ; l'homme quitte définitivement « l'universel Adam » tout en étant **un raté** du Fils de l'homme. Tout ce qui est écrit avant n'est dès lors qu'une prophétie de l'Histoire en son entier : comment l'homme y tomba, devenant un fils de l'Histoire, et comment Dieu l'en sortira pour qu'il ressuscite en fils de l'homme.

Ainsi donc, suite à la soumission brutale de la femme par l'homme aux premières lueurs de l'Histoire, l'humanité va avec obstination se nourrir des connaissances pour croître – ainsi que l'avait finalement désiré la femme ! Ce faisant, l'homme construisit un pouvoir politique de plus en plus élaboré. Il le garda certes entre ses mains de fer, et pour son avantage, continuant à considérer la femme comme subalterne – et cependant, là encore, il faisait exactement ce que la femme avait dès le commencement désiré : il transformait le monde. Enfin, plus la raison fut conquérante du monde, moins la force physique de l'homme fut capable de faire la différence. Petit à petit, la femme revenait **à la hauteur** de son premier statut ! Ève avait fait monter l'homme vers la raison, puis cette générosité l'abaissa cruellement, jusqu'à ce qui semblait être un sacrifice de sa part. Mais il n'en fut rien. Car lorsque l'homme ramassa le relais des connaissances, il abandonna la barbarie, construisit une civilisation, et, pareillement, permit un retour de la femme qui reconquit la raison qu'elle s'était fait dérober. L'homme perdit alors d'innombrables avantages autoritaires qu'il s'était acquis, tandis que la femme regagna de plus en plus son diadème d'Ève.

Dans ce jeu de va-et-vient, le serpent se mange la queue et semble faire tourner le monde en rond ; assurément ! et de plus en plus vite au fur et à mesure que ce cercle des révolutions se rétrécit. Mais dès l'instant où le déséquilibre de la force corporelle entre l'homme et la femme disparaîtra entièrement au sein de l'humanité, dès l'instant où le monde sera de ce fait parfaitement « civilisé », c'est-à-dire que la différence des forces ne sera qu'intellectuelle, morale et économique – il adviendra alors que la femme retrouvera **en totalité** sa première condition qui est de dominer. Le monde sera ce jour-là un enfer au féminin, comme il le fut au masculin. Toutefois, si les enfers des hommes furent terribles, ceux des femmes seront une poésie de l'enfer. Le monde sera l'enfer à son paroxysme, dans son essence, parce qu'il sera au plus proche de l'arbre des connaissances comme le fut Ève. Ainsi viendra la fin.

Dans ce carrousel des siècles allant crescendo, l'Histoire nous conduit vers le pire des cauchemars. La femme fut le premier homme, mais elle sera aussi **le dernier**. Ève a vaincu. L'avenir de l'humanité est tragique, non pas seulement par la victoire de la femme, mais parce que l'homme s'est offert comme bras droit de sa victoire. Il ne s'agit donc pas d'un combat entre les deux sexes, comme si l'un avait à lui seul la vérité ou que les deux l'avaient en partie ; car la réalité est tout aussi terrible quand l'homme se conjugue au féminin, au masculin ou dans un mélange des deux. Il faut chercher l'homme, au-delà de l'homme, au-delà de la femme ; et surtout au-delà de leurs assemblages ambigus, c'est-à-dire de l'Adam originel. Pareillement nous faut-il chercher Dieu au-delà du bien, au-delà du mal ; et surtout au-delà de leurs **tièdes** consensus, c'est-à-dire du diabolique.

Ni la femme ni l'homme n'ont percé le secret divin : ils n'ont pas engendré les fils de l'homme. Ils sont tous et sans exception seulement des fils de l'Histoire. Mais le Fils des l'homme existe-t-il réellement, ou n'est-il qu'un songe ? Certainement, il ne peut être qu'un rêve, ainsi que l'évoque l'Écriture : « Quand nous rencontrerons Dieu, nous serons comme ceux qui font un rêve » (Ps 126). Le rêve du Fils de l'homme pour les siens, c'est de les sortir de l'Histoire ; de leur donner de n'être plus issus de cette mère Nature dont sont faits les fils de l'Histoire : de ne plus être les enfants naturels de l'*adamah*. C'est-à-dire que le Fils de l'homme ne peut être connu de l'Histoire, car dès l'instant où il la traverse il est celui qui **n'a pas de mère**. Aucune femme ne peut avoir l'orgueil de dire du Fils de l'homme qu'elle est la mère de cet être vivant là. Le Fils de l'homme n'a pas d'Ève qui puisse lui donner la vie. Ainsi voyons-nous le Christ, du haut de sa croix, dire à Marie : « Femme, tu n'es pas ma mère. » (cf. Jn 19[26-27]). Toutefois, lorsqu'il sort de l'Histoire – en témoigne l'Évangile, c'est à des femmes qu'il offre **la primeur** de se montrer dans sa résurrection. De même que du sommeil de l'Adam Isha annonça à Ish l'œuvre de l'Esprit, c'est en revenant du sommeil du tombeau que des femmes annoncèrent aux hommes le Fils de l'homme. C'est pourquoi quiconque veut le suivre dans sa résurrection doit quitter Adam tout autant qu'il doit quitter Ève.

L'Enfer
À l'attention des mal-connus

« Pour l'Athénien moyen du V^E siècle av. J.-C. [...] l'âme n'était pas du tout la prisonnière récalcitrante du corps ; c'était la vie ou l'esprit du corps, et elle s'y trouvait parfaitement à l'aise.[1] » Cette affirmation de E.R. Dodds, influent historien de la Grèce antique, nous paraît suspecte de prime abord, et de nombreux textes de Platon semblent appuyer cette suspicion : « Tant que l'âme partage l'opinion du corps et se complaît aux mêmes plaisirs, elle est forcée de prendre les mêmes mœurs et la même manière de vivre, et par suite elle est incapable d'arriver jamais pure dans l'Hadès : elle est toujours contaminée par le corps quand elle en sort. Aussi retombe-t-elle promptement dans un autre corps, et elle y prend racine comme une semence jetée en terre, et par suite elle est privée du commerce de ce qui est divin, pur et simple. » (*Phédon* 83d). De tels propos à l'encontre du corps sont foison chez les penseurs grecs, avant même Socrate et jusqu'à l'Antiquité tardive de Plotin, au IIIe siècle ap. J.-C. Mais Dodds le savait fort bien, aussi affirme-t-il la chose suivante : « C'est une nouvelle structure religieuse qui attribua à l'homme un soi occulte d'origine divine, opposant ainsi le corps et l'âme, et introduisant dans

---
[1] E.R. Dodds, *Les Grecs et l'irrationnel*, pp. 143-146.

la culture européenne une nouvelle interprétation de l'existence humaine, l'interprétation qu'on appelle **PURITAINE**. » Cette nouveauté, nous dit l'historien, reprenant l'expression d'un chercheur allemand, est « une goutte de sang étranger courant dans les veines des Grecs ». D'où vient cette influence ? De la « culture chamanique » nous répond-il ; un chamanisme qui serait originaire « d'un vaste territoire partant de la Scandinavie, passant par la masse continentale eurasienne, et se poursuivant jusqu'en Indonésie ». Et si la plupart des chercheurs, finit-il, « se sont tournés vers l'est, vers l'Asie Mineure [...] il semble raisonnable de conclure que l'ouverture de la mer Noire au commerce et à la colonisation grecque au VIIe siècle avant notre ère [a introduit] les Grecs pour la première fois à une culture fondée sur le chamanisme ».

Quoi qu'il en soit, il convient de remarquer deux choses :

Cette pensée du « corps vu comme une prison » chez PLATON, ou avant lui chez PYTHAGORE, « grand chaman grec » dira DODDS, nous la voyons s'insinuer en filigrane, puis se métamorphoser en tant que puritanisme dans toute la raison grecque dans les siècles qui suivirent. Or, ce désir grec de « purger l'âme rationnelle divine de la folie et de la pollution du corps », voici une idée qui s'apparente bien plus aux purifications des réincarnations de type hindouiste qu'aux techniques de communication avec les esprits pratiquées par les chamans : « Pour devenir pure, l'âme doit être décontaminée du corps, sinon elle retombe dans un autre corps », nous dit PLATON. Cependant, DODDS voit juste en parlant aussi des influences chamaniques, car les penseurs grecs ont eu de multiples suggestions, et c'est en assimilant

116

à la fois les mythologies venues de l'est et les chamanismes plus au nord que la raison grecque TISSA HABILEMENT SON VÊTEMENT PURITAIN ; l'Europe en hérita finalement et ne cessa de le perfectionner par la suite. Sous notre homme moderne, civilisé, et moral se cache donc la double structure suivante : d'abord la séduisante délivrance des âmes par les réincarnations, et ensuite l'ossature, plus dissimulée encore, qui est celle des chamans en recherche des puissantes énergies spirites. Cet étrange mélange, tel de troublantes fiançailles, semble avoir voulu dès l'origine bâtir d'immenses ponts entre l'Europe et l'Asie. C'est pourquoi non seulement tout puritain trouvera ses racines à Athènes, mais tout philosophe formé à cette école, en plus d'être un moraliste, est un hindouiste ou un chaman en gestation ; et qu'il ignore ou non ce fait ne change rien à son destin, car il tendra inévitablement vers ces premiers émois. Que fera-t-il dès lors ? À l'instar de ses pères grecs, il expliquera la réincarnation et le monde des esprits par la logique de ses sciences, leur donnant ainsi un socle de sécularisme, des lettres de créance, et la bonne odeur de la civilisation, appelant *évolution* ce qui n'est qu'une marche à reculons.

En second lieu, il convient de souligner que ce corps de l'homme civilisé et puritain se tenait déjà solidement sur ses jambes lorsque le christianisme s'associa à lui au IVe s. ap. J.-C. Aucun des trois monothéismes n'échappa d'ailleurs à sa force, et tous subirent le même sort : ils inclurent dans leurs dogmes la séparation de l'âme et du corps qui N'EXISTAIT PAS INITIALEMENT ! En effet, à partir du judaïsme où l'homme était redevenu Un, le christianisme primitif ne sauvait pas non plus l'homme sans son corps, et un homme sans corps n'en était plus un; de là le pivot de la résurrection, qui est vue comme une gloire par le Christ, et non pas une **rechute** dans la contamination d'un corps, comme le prêche la raison grecque. C'est pourquoi Athènes plaça d'abord son paradis des Champs Élysées dans l'Hadès, c'est-à-dire dans le séjour des morts, là où se trouvait aussi le Tartare, le lieu des châtiments. Et si par la suite il fit s'envoler les âmes justes vers les astres, celles-ci ne retrouvaient précisément jamais un corps. Purifier et séparer l'âme des passions barbares du corps devint donc la prérogative absolue, d'où l'instauration sanctifiante du puritanisme. Envoûté par la finesse athénienne, le christianisme plongea allègrement dans ce même bain de sanctification; oubliant que la résurrection proclame l'homme-un, et qu'elle concerne notre partie invisible tout autant que notre part visible, l'Église en vint ainsi à disséquer l'âme du corps, affirmant encore la pollution corporelle. Le texte biblique dit pourtant tout le contraire : c'est l'âme, c'est-à-dire l'homme encore non incarné de l'Éden qui a contaminé son corps, car c'est volontairement qu'Adam se soumit aux logiques du bien et du mal ; celles-ci se sont alors intercalées entre son intériorité invisible et sa manifestation visible : Adam fut revêtu d'un vêtement de peau (GEN 3), c'est-à-dire d'un corps de matière, impuissant à atteindre le meilleur, obéissant nécessairement aux lois duelles de la matérialité. La réalité devint une lutte du bien contre le mal et seul un Dieu irraisonnable pouvait prétendre dépasser ce règne du dualisme. Le corps agissant est donc la manifestation de notre intériorité, là où se trouve l'océan de nos véritables maux ; et le propre du puritain, c'est de condamner l'arbre corporel tout en sauvant ses sources empoisonnées, « de filtrer le moucheron et d'avaler le chameau » disait déjà le Nazaréen.

Le génie grec ne consiste donc pas tant à déposer « une goutte de sang étranger dans les veines du monothéisme », mais bien plutôt à savoir subtilement retourner la culpabilité de puritanisme sur ces seules religions ; c'est pourtant chez le philosophe athénien que prend racine le puritanisme moderne, et le penseur européen fut toujours son meilleur ouvrier. Il s'ensuit que ce dogme séparant en l'homme sa partie invisible de sa partie visible, son âme (*psyché*) de son corps, le pragmatique du théorique... que ce dogme, disais-je, est quasiment devenu LE CREDO DE L'HOMME CIVILISÉ. Plus la raison analysa la Nature pour la catégoriser, plus ce credo grec prit de puissance, et il se déploya tant et plus, scindant tous les domaines du vivant ; la désunion étant son essence. Dans le documentaire *Un monde sans fous* de PHILIPPE BORREL, le psychiatre et psychanalyste HERVÉ BOKOBZA nous explique à cet égard la chose suivante : « Grâce aux avancées de la science, on est en train d'assimiler la psyché au cerveau. Les troubles qu'on appelle "désordres" seraient uniquement dus à des dysfonctionnements biologiques, génétiques ou anatomiques. On n'a plus besoin en ce cas de travailler sur la question du sens puisque la maladie est inscrite au niveau d'un patrimoine. On ne cherche plus à soigner une personne qui souffre mais à soigner une maladie, faisant fi par là de l'histoire du sujet. » La raison a donc réussi à convaincre l'homme que sa nature évoluée serait celle d'un triple corps : le *physique*, directement en lien avec la réalité ; le *psychique*, savant concepteur de réels ; et l'*âme*, destinée à une réalité post-mortem. Chacun de ces corps a ses médecines propres et ses maladies spécifiques ; un asthmatique ira chez le pneumologue, un handicapé mental chez le psychiatre et un pécheur chez son conducteur spirituel. C'est là

DIABOLISER L'HOMME, littéralement, puisque « diabolos » signifie « qui désunit » ; on désunit le corps de l'âme puis on leur donne des destinées opposées. Ainsi est résolu le problème du sens métaphysique de l'homme et de l'histoire du sujet : il faut fissurer sa personne indivisible, laisser corps et cerveau sur le carreau et sauver au moins l'âme ! Le pire des non-sens, dit-on, étant de les unir, ensemble à jamais.

Né bien avant le christianisme, c'est le puritanisme athénien, entremêlé de chamanisme et de mythologie qui est l'authentique fondement de cette diabolisation de l'individu. Et lorsque l'athée met une fin définitive à l'homme lors de la mort du corps, il est encore une fois plus proche de la vérité puisqu'il évite au moins de dissocier le sujet. Ce n'est donc pas l'athéisme qui interrogea l'enfer, c'est le puritain lorsqu'il éleva la séparation du corps et de l'âme au rang de vérité inviolable et divine. Et quelle fut sa réponse après qu'il eut ainsi interrogé ses dieux ? Quelle espérance la voix enchanteresse des incorporels a-t-elle offerte au sage ? L'espérance de l'enfer lui-même ! C'est-à-dire l'envolée éternelle de l'âme hors de toute corporalité, vers ce qu'il croit être la béatitude éternelle. Être délivré de l'incarnation est en vérité UN ENFERMEMENT, et la félicité n'existe pas dans les nirvanas : ceux-là ne sont rien d'autre qu'infernaux. Pourquoi ?

Parce que l'âme n'est pas sans corps, et que le corps n'est pas sans âme ; L'HOMME EST UN. Ces deux vocables que nous distinguons ne servent finalement qu'à notre ignorance tant il nous est impossible de concevoir notre unité, cette parfaite adéquation entre ce que je suis et ce que je fais, entre ma volonté intime et ses manifestations extérieures. Il n'est en vérité qu'un terme pour dire l'homme, et quiconque recherche ce mystère chemine en fait vers son propre devenir, jusqu'à ce « nom nouveau connu seulement de celui qui le reçoit » (Apo 2[17]). De fait, dans le monde-à-venir nul n'interrogera un tel être sur son nom, car étant dès lors un fils de l'homme, il répondrait comme répond son Père : « Je serai ce que je serai ; étant vivant, on ne me connaît pas comme vérité invariable ou selon une unique manifestation. » *A contrario*, c'est en cherchant l'invariabilité, tel un délice de stabilité que d'autres aspirent à devenir incorporels ; aussi sont-ils conduits à **L'INANIMÉ**. Mais que reste-t-il donc à de tels êtres après leur mort ? Tandis que leur corps retourne à la terre, à la corruption naturelle, qu'en est-il de leurs âmes, c'est-à-dire de leurs qualités invisibles : l'intelligence, les passions, les émotions, les perceptions, les volontés, etc. ? Étant détachées du corps, elles sont inexprimables, aussi sont-elles vidées de leurs forces, lesquelles retournent à celui qui les avait données : « La poussière retourne à la terre d'où elle est venue, et l'esprit remonte à Dieu qui l'a donné », dira l'ECCLÉSIASTE (12[7]). Reste-t-il donc à l'individu mort quelque chose qui lui soit propre ? Oui, sa conscience. Elle est le seul pont rattachant l'être au vivant qu'il n'est plus ; c'est pourquoi la conscience est **UNE OMBRE**, l'ombre d'une âme et d'un corps disparus mais qui porte cependant tout le poids de son inanimé. L'ombre est le déshérité, le déchu de son héritage, car toute sa réalité, corps et âme, a été vaincue dans cette dernière lutte, elle a été vidée de toutes ses forces qui lui permettaient de se réaliser, de se personnifier. Cette conscience nue n'est dès lors entravée par aucune manifestation du réel ; pas la moindre parole, pas le plus infime son et nulle tonalité de couleurs ; elle a atteint le plus haut niveau de lucidité qu'un homme puisse avoir sur lui-même. C'est pourquoi cette ombre porte à la perfection son propre jugement en elle-même, ainsi que ses regrets les plus douloureux ; elle est translucide et sa lumière est son effroi. Elle n'a par conséquent aucun lieu caché où reposer dans l'intimité ; impuissante à exister en tant que personnage, elle est sans visage et pure transparence. C'est ainsi que toutes les ombres sont enfermées hors d'elles-mêmes, dans une luminosité de verre criant leurs souvenirs muets. Tel est le séjour des morts que nombre de mystiques appellent la béatitude éternelle.

Eh quoi ! la sagesse nous appelle-t-elle à spéculer sans fin sur ce royaume des ombres, comme le firent les Grecs, eux qui se plaisaient tant à l'imaginer et à le cartographier en détail ? Ira-t-on chez les chamans ou les mythes hindouistes pour en connaître encore davantage, eux qui fabulent par tant d'astuces sur le monde des incorporels pour le faire croire paradisiaque ? Et pourquoi tant de mystiques bibliques se complaisent-ils avec jouissance à le décrire en d'innombrables tortures ? Car l'Écriture est précisément **AVARE** à l'excès lorsqu'elle l'évoque, le séjour des morts, cette vallée de la Géhenne. Serait-elle donc ignorante ? Certes non, mais face à l'ombre de la mort qui nous couvre tous, Dieu pose la seule question qui ait de la valeur pour l'homme : Qui s'est déjà relevé de son propre corps au tombeau pour m'offrir par sa victoire les clefs de ma délivrance ? Peut-il « laver les lignes déplorables gravées sur le long parchemin de ma vie » comme le disait Pouchkine ? Et ce faisant, donnera-t-il alors à mon âme corporelle une nouvelle nature incorruptible pour laquelle rien ne sera impossible ? Je ne veux pas d'un autre amour ! Je ne désire pas être aimé hors de ma personne animée, car la conscience ainsi dénudée, figée et invariable serait inapte à l'amour ; je ne conçois que d'être aimé en mon âme et en mon corps qui la manifeste. Je sais qu'un tel amour exige de moi la foi ici-bas car il ne se déploie que dans la résurrection ; mais la confiance n'est-elle pas propre à l'amour ? Je crois, en effet, qu'aimer c'est avoir en l'autre, comme en soi-même, une **CONFIANCE INFINIE** ; les limites imposées par la mort ayant été abolies. Dès lors, de tels amants n'interrogent plus leur conscience, et ils ne sont plus interrogés par elle ; ils ont atteint le plus haut niveau de conscience que l'homme puisse atteindre, à savoir de placer cette dernière comme servante et sans autorité. Un monde qui encercle la vie et l'amour même dans la certitude et les lumières édictées par la conscience, ce monde-là est un monde infernal.

Les faiseurs de ponts
À l'attention des citoyens du monde

LORSQUE DEUX HOMMES SE RENCONTRENT, la Nature crée entre eux un fleuve sacré et invisible. Un fleuve qui devient aussi étroit qu'une maigre rigole lorsque les individus forment une famille de même culture et de mêmes valeurs intellectuelles ; mais il devient un vaste torrent infranchissable lorsque leurs races, cultures et valeurs spirituelles diffèrent. Il en est d'ailleurs pareillement pour tous les animaux que la Nature façonne, bien que pour eux l'espace qui les sépare ne soit quasiment jamais comblé ; la Nature qui aime tant penser et classer ne supporte pas l'« anarchie », et ce n'est que très rarement qu'elle tolère quelques accrocs dans sa classification. Aussi le lion ne peut-il vivre parmi les gazelles de même que le loup ne se nourrit pas au pâturage des brebis ; et pour l'animal, franchir les fleuves de l'ordre sacré est presque toujours mortel : une désobéissance qui se paye par le sang. Ce n'est qu'avec l'aide des humains que la bête domestiquée apprend parfois à coexister avec la berge opposée, car seul l'homme est parvenu, petit à petit, à bâtir des ponts de communication entre les différences. Nous sommes des **FAISEURS DE PONTS**, des *pontifes*, et même les souverains pontifes de la Nature. Nous veillons à préserver son ordre tout en construisant des passerelles pour relier les divergences. Nous créons du collectif, c'est-à-dire du religieux.

Telle est notre déchirure : d'un côté l'ordre de la Nature nous fascine, mais de l'autre son intolérance nous est intolérable. Toutefois, en nous acharnant à susciter une parole contractuelle entre ses rives sauvages pour que cesse la violence de leurs oppositions, nous en arrivons à effacer toute distance entre les hommes ; à créer des camps concentrés où chacun devient un miroir de l'autre. Nous sommes donc continuellement face à un dilemme : ou bien nous asséchons la terre de tout fleuve par un excès de communion, étranglant de la sorte nos propres libertés ; ou bien nous l'inondons de puissants cours d'eau afin de marquer nos particularismes, et fatalement, nous créons du conflit ! L'homme moderne n'a finalement d'autre recours que le chemin médian : **LA TIÉDEUR**. Il doit se figer dans le « ni trop, ni trop peu » au sein d'un savant calcul. D'une part, l'espace entre les rivages humains ne devra pas dépasser la norme autorisée par les sages, et d'autre part, l'intensité de nos particularismes – c'est-à-dire le débit des fleuves – devra toujours se justifier devant leurs règles pontifiantes. Ainsi fabriquons-nous des ponts ne reliant que des différences calculées ; des ponts nous interdisant toute liberté au-delà des plans minutieux fomentés par leurs architectes. C'est pourquoi nos ponts sont efficaces et solides, ils sont faits de vérités rigides, terribles, au-delà et en-deçà desquelles il est dangereux d'aller sans autorisation, mais grâce auxquelles, dit-on, la stabilité mondiale et **LA PAIX** sont assurées.

Les citoyens du Monde ont créé un Nouveau Monde, une nouvelle nature émargeant de la Nature archaïque, mais où chacun est un **ESCLAVE** des ponts et des viaducs, captif de cette connexion obligatoire reliant tous à tous afin que tous soient connus de tous. La tiédeur doucereuse de l'homme civilisé a interdit les rivages sans pont. Cet homme de la cité a déclaré que désormais l'injoignable était anathème, aussi pourchasse-t-il l'incognito comme s'il était le diable même. Refuser le pontificat de **L'HUMANITÉ ASSEMBLÉE**, reliée, ecclésiastique, c'est défier sa vérité, sa sacralité, sa divinité, et c'est le plus grand des crimes : « Malheur aux briseurs de ponts ! Malheur au Dieu qui marche sur l'eau ! », dit le penseur pontifiant. « Vanité, répond le Dieu, je n'obéis pas aux pontifes. Je n'ai nul besoin de ponts pour atteindre celui que j'aime et pour connaître mon prochain ! » En effet, le fleuve séparant les êtres sera un jour un abîme infini et l'infini même ; aucune de nos vérités immuables ne pourra jamais franchir un tel espace, aucune construction ne pourra le combler. Il ne faut pas construire des ponts, il faut apprendre à marcher sur l'eau ! Il faut que l'Être puisse marcher sur l'horizon infini qui le sépare de son prochain ; il faut que les deux puissent se rejoindre par eux-mêmes, qu'ils puissent s'unir sans dépendre d'une vérité éternelle qui les relie. Il faut s'aimer sans qu'une alliance sacrée nous y oblige, **SANS LE VIADUC D'UN COMMANDEMENT**. « Parce que je le veux, parce que tu le veux, parce que nous nous aimons librement » ; ainsi parleront ceux qui un jour marcheront au-dessus des eaux. — Tel est l'un des sens cachés et parmi l'un des plus beaux gestes que fit ici-bas le Christ lorsqu'il marcha sur l'eau... sur une distance d'une heure.

ÉPILOGUE

Dieu est-il un anarchiste ?
À l'attention des anarchistes

> · NI DIEU NI MAÎTRE ·
> Nous ne voulons ni dieu ni maître
> Entravant notre liberté,
> Mais nous voulons voir apparaître
> Le soleil de l'égalité.

C'EST AINSI QUE DÉBUTE UN CÉLÈBRE CHANT anarchiste datant du XIXe siècle : *Dieu* et les *Maîtres* d'un côté, la *Liberté* et l'*Égalité* de l'autre. Ce qui surprend immédiatement dans ce schéma de pensée, c'est de voir s'y déployer une certaine connaissance du divin. En affirmant en effet que Dieu est « un maître opposé à la liberté », l'anarchiste nous dit qu'il connaît personnellement le divin, ou du moins qu'il a reçu à son propos un enseignement spirituel auquel il croit et qu'il ne met aucunement en doute. En somme, après nous avoir enseigné sur Dieu, il se sert de cette doctrine tel un levier pour élever finalement son propre discours sur l'anarchie. En outre, nul ne contestera qu'il a reçu cette connaissance sur Dieu auprès de l'Église. Quelle étrangeté ! L'anarchiste est ici en train de nous dire que le savoir ecclésiastique à propos du divin est **DIGNE DE CONFIANCE**, et que Dieu est très exactement ce qu'en disent les papes, les évêques et les pasteurs du christianisme officiel : un Maître autocrate. Cet accord d'harmonie entre deux camps parfaitement ennemis me trouble ; assurément, il y a quelque chose qui cloche, et il se peut que cet anarchisme-là et ce christianisme-là soient tous deux une supercherie.

Nous savons que le mot *christianisme* draine derrière lui toute une masse de gens remplis d'idées reçues et de stéréotypes sur Dieu ; des gens pour qui le divin est soit un **PRÉTEXTE** pour envoyer son prochain en enfer, soit un escabeau pour élever la morale sur le mont Olympe de l'héroïsme. Une foule qui ne connaît en vérité rien sur Dieu et qui n'est pas même connue de Lui. Il en est pareillement de l'anarchisme. On a toujours vu s'agglutiner en son sein un tas de personnes n'ayant aucune idée de ce dont elles parlent ; des personnes qui prennent en otage un vocable qui leur échappe, mais dont elles se servent habilement pour régler leurs propres frustrations existentielles, ou encore pour justifier le fait de verser le sang de son prochain. Cette ignorance apparaît précisément lorsque le cantique anarchiste claironne ainsi son espérance : « Nous voulons voir apparaître le soleil de l'égalité. » La magie du mot « égalité » envoûtera certes le candide, tandis que celui qui questionne verra très vite que son concept même s'oppose directement à la liberté. Car lorsque sera installée l'égalité dans la communauté anarchiste, c'est elle qui deviendra alors l'Autorité. C'est ainsi que le rêve anarchiste d'être « **SANS-AUTORITÉ** » est tué dans l'œuf par les faux anarchistes qui le couvaient.

Qu'il y ait donc égalité, oui! mais égalité de liberté. Ce qui revient à abolir l'uniformité. Ainsi la liberté nous préserve-t-elle de faire le minuscule pas du diabolique, de l'ecclésiastique et du politicien, car toujours l'égalité se métamorphose en **UNIFORMITÉ**. La liberté, c'est de la différenciation, c'est la possibilité de distance. C'est pouvoir dire: « Je suis. » Tandis que l'égalité est la longue et subtile érosion des différences jusqu'à l'uniformité; jusqu'à finalement la mise à genoux des libertés. « Qu'on ne fasse pas passer l'égalité des droits à l'expression pour l'égalité des expressions », explique le philosophe ROBERT MAGGIORI. Oui, ton droit à t'exprimer, à parler et à exister est égal à celui de ton prochain, mais sache que son expression est peut-être supérieure à la tienne, qu'elle n'est pas obligatoirement de valeur égale à la tienne. Et en quoi l'expression de sa vie serait-elle plus haute que la mienne? Mais voyons, quand il assume plus que toi son droit à la liberté. Dès l'instant où il se saisit plus que toi de sa liberté à être, il devient un Être supérieur. La liberté ne t'offrait-elle pas **ÉGALEMENT** la même audace existentielle que lui? Il s'ensuit que si tu en es privé, c'est parce que tu t'en es privé librement. Et peut-être est-ce par crainte d'offenser l'égalité; peut-être est-ce par crainte qu'elle accuse ta différence d'anticonformisme et d'inégalité. Ainsi t'es-tu laissé lier par une promesse d'égalité qui s'est muée en piège, annihilant petit à petit ton libre arbitre.

Cette approche punitive est dans une moindre mesure utile à l'enfant pour l'éveiller. Mais quand celui-ci devient un homme mûr, il découvre amèrement que cette mentalité des punitions ne marche plus. De même croyons-nous que la question de la conscience ne supporte aucun atermoiement.

Elle doit être prise radicalement. Nous nous trompons tout simplement de porte pour percevoir l'existence. Il nous faut **TUER NOTRE CONSCIENCE** et entrer dans l'existence par une autre porte : celle que Dieu lui-même utilise.

Supposons toutefois que l'Être supérieur dont nous parlions soit capable de briser l'oppression dans laquelle tu te trouves, et que cet être ait compassion de toi. Il viendra dès lors à toi en te dissimulant une grande partie de sa liberté pour ne pas t'écraser sous sa gloire. Puis désirant que tu sois son égal, il te parlera afin de t'aider à embrasser sa liberté que **RIEN NE LIMITE**. Il se peut alors que tu voies son initiative comme un danger et une pure folie, et que tu le livres pour cela à l'Autorité ; puis l'accusant d'un excès de liberté, vous en viendrez tous deux à le mettre à mort au nom de la collectivité. Car le rôle du collectif est d'encadrer la liberté ; et considérant l'espèce au-dessus de l'individu, le tout au-dessus de l'un, il régit la liberté de telle sorte que chacun **SE CONFORME** à l'autre dans un désir d'égalité absolue. Aussi ne supporte-t-il pas que de tels êtres échappent à ses cadres en affirmant à son encontre : **C'EST L'UN QUI EST SUPÉRIEUR AU TOUT**. Supposons enfin que cet Être supérieur ait une telle liberté qu'il en vienne à ressusciter. N'avait-il pas finalement accepté la mort librement ? Oui ! et précisément pour te montrer combien tu peux te confier en Lui. Tu vois donc, ô anarchiste, que le Christ est plus anarchiste que toi, plus irréligieux et plus adogmatique. Non pas parce que rien ne le limite, mais parce qu'il est capable de sacrifier un temps sa liberté par amour pour toi. Il est meilleur anarchiste que toi parce qu'il est meilleur amant. L'amour, c'est l'avers de la médaille dont le revers est la liberté. Quant à l'égalité, c'est ce rêve qu'un jour chaque-Un ait en lui ce trésor. Mais je te l'accorde ; c'est une folie irréalisable et nul ne peut être anarchiste à ce point, pas même Dieu. N'est-ce pas ?